自分をよろこばせる習慣

內在悅力

改變人生的77個幸福習慣

田中克成

「悅」＝愉快、高興。如：「和顏悅色」（資料來源：《重編國語辭典修訂本》）

「喜悅」是一種簡單的習慣，
只有那些事事順利的人才明
白其中的奧祕。

「要怎麼樣才能得到幸福呢？」

「為什麼我會過著這樣的人生呢？」

「我曾經也想像那些人一樣，過著閃閃發光的每一天……」

「人生究竟是哪裡出錯了呢？」

「為什麼我非得以這樣的自己來到這個世界呢？」

過去有段時間，我也像這樣感嘆自己和人生。

正在翻閱這本書的你，或許也有相同的感受。

但是，請放心。

在你閱讀完本書時，就已經掌握找回理想幸福人生所需的簡單訣竅。

這些訣竅並不需要特別的才能或努力。
只要讓「當下」感到喜悅即可。

「喜悅？」

沒錯，這就是本書的主題。

讓你活出自我、人生充滿歡樂的萬用鑰匙，

就是「喜悅」。

首先，請回答以下問題：

- 小時候的夢想是什麼呢？
- 從以前就喜歡的事情是什麼呢？
- 有沒有讓你沉迷其中的事情？
- 什麼時候出現「我好厲害！」的念頭？
- 你喜歡什麼？
- 有沒有其他人都沒有注意到，只有自己在意的小堅持？
- 有哪些已經養成的習慣？

在這些問題的答案中，隱藏著讓你幸福，「屬於你的喜悅」。
「屬於我的喜悅？那到底是什麼？」

翻開這本書，答案就會逐漸明朗。

請放鬆身心，輕鬆地啟程，展開這趟尋找「喜悅」的旅程吧！
直到你找回真正的自己為止，

還剩下２個小時……

祝你擁有充滿喜悅的人生，一路順風！

前言

掌握幸福的極致簡單習慣

為什麼有些人會閱讀關於「習慣」的書呢？

各位可以試著回想，自己為何希望養成好習慣呢？其實，最初的目的很簡單，就是「想過著幸福的人生」。

儘管如此，有許多人在嘗試養成各種獲得幸福的習慣時，經常會陷入三天打魚，兩天晒網的狀態，甚至還增加新的煩惱。

本書的誕生，就是為了幫助這些人。

人只要找到屬於自己的「喜悅」，就能擁有幸福人生。

從日語上來說，「悅」這個字很少會掛在嘴上，至於為什麼不是「喜」而是「悅」，之後會再詳細說明。事實上，為了讓自己的人生幸福，需要做的事情並不多，沒有必須持之以恆、難以養成的習慣，也不必花費大量的金錢和時間。

要獲得幸福人生，必須要有以下的自覺：

「減少與不喜歡的自己相處的時間，增加與喜歡的自己相處的時間」

僅此而已。

不必將喜歡的事情當作工作，只要「做喜歡的自己」，就會愈來愈喜歡現在的工作。喜歡上工作後，收入自然會增加，並開始覺得「自己運氣很好」。當覺得自己運氣好時，溝通能力也會提高。

如此一來，大家就會默默地向你傳遞有價值的訊息，棘手的人也會消失，甚至不會有人傷害你的自尊心。

最重要的是先找到「屬於自己的喜悅」

在過去的人生中，我有一段時間陷入自我厭惡，憎恨自己為何會出生在這個世上。我曾經只顧自己，結果讓身邊的人都討厭我；也曾經一心為他人著想，最終使自己生病……

在33歲那年，我立志要出人頭地，決定辭去工作創業。我採訪超過五百位成功人士，詳細了解他們至今的人生，學到許多成功法則。

37歲時，我創辦了一家小型出版社，拉著滿載書本的手推車，踏上走遍全國的行商之旅，在這過程中繼續探究成功的真諦。

在各種邂逅中，我得知成功者中也有「幸福的成功者」與「不幸福的成功者」。讓我打從心底感到失望的是，「人品高尚」的成功者竟是少數。畢竟，愈是高尚的人，往往人生中的煩惱也愈多。

在地方旅行時，我訝異地發現，我所研究出的——大家耳熟能詳的成功法則，實際上只適用於大都市。

當我離開日本，到發展中國家旅行時，我親眼目睹了一個現實，那就是所謂以成功為目的的偉大人生計畫，幾乎不可能實現。

儘管如此，我依然在思考，如何才能讓每個人都能幸福並成功？如何才能讓大家過著幸福的人生？我花了很長一段時間研究這些課題。

在這個過程中，我持續探索，不受個性、才能、地區和環境所影響，幸福的成功者之間究竟有哪些共通點。

最終，我得到的結論是：

「人只要尋找自己的喜悅，就能獲得幸福的人生」

如此簡單、樸實的原則。

看起來總是很開心、喜歡自己的人，其實並沒有什麼特殊的習慣。

如果問那些獲得巨大成功的人「你每天早上會徒手清掃廁所嗎？」10個人中有9個會立即回答「不會」；若是問他們「你每天都會閱讀嗎？」10個人中有6個會回答「沒有那麼多時間看書」；當問他們「你有早起的習慣嗎？」，許多成功者會回答「早上常常起不來」。

不過，**在10個人中，有10個人肯定的答案，這正是本書的主題「喜悅」。幸福的成功者，會將任何人都能夠實踐的小小「喜悅」融入日常生活中。**

這是一種非常簡單的習慣。

為什麼要用「喜悅」而不是「開心」呢？

回到本書開頭就提到的「悅」。

關鍵在於要先理解日語中「悅」這一漢字的含義。「悅」的訓讀是「よろこぶ（yorokobu）」，一般日本人書寫「よろこぶ」的漢字時，通常會用「喜」這個字。那「悅」和「喜」有什麼不同呢？接下來，就來談談兩者的差異。

首先要說明「喜」的使用情境。

在日語中，「喜」這個漢字用於遇到「讓人感到愉快的事物」時，內心湧現出的情感。當外界（某人）帶來的事物與自己的希望、期待或喜好相符時，就會自然產生這種情感。

舉例來說，「收到自己一直想要的禮物而高興」，這種情感就是「喜」，而「有幸能在現場欣賞喜歡的音樂家，真的是太棒了」，同樣是因為外在條件符合自己的期待或喜好，所帶來的情感，因此也屬於「喜」。

然而，如果收到完全不想要的禮物，就無法感受到喜悅，或者被帶去看一場完全不感興趣的音樂會，也很難感到開心。

總之，「喜」是來自於外在因素，並非是我們可以掌控的。嚴格來說，「喜」是用來形容「他人帶來的喜悅」所使用的漢字。

接下來，讓我們看看「悅」的含義。

在日語中，「悅」這個漢字原本的含義是「透過祈禱驅散邪氣後，感到神清氣爽的喜悅」。**這個字會用來表達「ご満悦（滿心歡喜）」或「悅に入る（心滿意足）」等。簡單來說，「悅」是一種「自我滿足」帶來的喜悅之情。與「喜」不同，「悅」是從內心湧現的情感。**

並非來自外在的事物，而是源於自己的內心。也就是說，讓自己的內心感到喜悅，就是所謂的「悅」。

換言之，不是因為收到他人送的禮物，而是在挑選禮物、準備送給別人時，那份期待與興奮感，才是用「悅」這個漢字來表達的情感。再舉一個例子，「接下來要去看最喜歡的音樂家演奏會了！」這種滿心期待的感覺，也是屬於「悅」。

只要能夠清楚了解自己的希望、期待與喜好，就不必在意他人的評價或社會的束縛，隨時都能夠感受到「喜悅」。因此，與「喜」不同，「悅」是可以自行掌控的情感。並非依靠他人或某件事帶來的「喜」，而是自己意志感受到的「悅」。

這在專業術語中，稱為「外在動機」和「內在動機」。

無法掌控的「喜（外在動機）」與能夠由自己控制的「悅（內在動機）」，各位認為哪一種更能豐富自己的人生呢？

當然是可以掌控的後者。

你的人生是屬於你自己的。如果把期待寄託在無法掌控的他人或某些事物上，幸福只會偶爾降臨。例如，運氣的好壞、是否獲得幫助等，若依賴這些「偶然」來決定幸福，未來的人生只會充滿不安。

掌控那些能夠掌控的事物。

不要試圖掌控那些無法掌控的事物。

想要獲得幸福，就是這麼簡單。

我再說一次：

「掌控那些能夠掌控的事物。
不要試圖掌控那些無法掌控的事物。」

我們總是無法做到如此簡單又理所當然的事情，反而為那些無法掌控的周遭事物時而歡喜、時而憂傷，或是寄予厚望、過度依賴，最終失去掌握自己人生的主導權。

讓「你」感到幸福的書

這裡，我想請問各位一個問題：

對你來說，什麼才是幸福的人生？

是成為大型企業的總裁？還是透過加密貨幣等方式累積巨額財富，過著富豪般的生活？抑或是活躍於演藝圈或社交媒體，光鮮亮麗，並擁有無數粉絲的生活？

老實告訴各位，這本書所傳達的內容，並不是教你如何在社會上取得輝煌成就，而是**讓「你」立即感到幸福的方法**。

無論你學習多少成功者所分享的成功法則或訣竅，都與你的幸福沒有直接的關係。

也就是說，如果你只是一味模仿他人成功的方法，沒有找到屬於自己的「悅」，那就無法真的獲得「幸福」。

對許多人來說，明天的人生並不會發生什麼戲劇性的變化。

明天依舊會像今天一樣到來，大部分的人生時光將就這樣流逝。

然而，只要改變視角，本應一成不變的景色，會出現一百八十度的變化。

如果能夠將現在看似平凡的生活，轉變成「愉悅的每一天」，你的人生就會充滿幸福。

你愈能沉浸在「悅」之中，愈能活出真實自我，周圍的人也就能更常露出笑容。

本書正是為了那些想要找到屬於自己的幸福，活出真實自我的人而誕生。

「喜悅習慣」，也就是「讓自己感到喜悅的習慣」，是一種從根本改變人生，既簡單又戲劇性的方法。

從下一章開始，我將介紹77個「讓自己感到喜悅的習慣」，幫助各位讓人生更幸福。這些習慣中，有些可能會讓你立刻想嘗試，而有些或許會讓人覺得暫時無法實行。

重點在於，絕對不要一開始就試圖同時養成多個習慣。

請從77個習慣中挑選1〜2個「嘗試看看」。如果在實踐的過程中感到不適或痛苦，就果斷停止，轉而嘗試下一個習慣。

重點並不在於堅持某一個習慣，而是持續尋找屬於自己的喜悅。

最重要的是，發現日常生活中各種「悅」，並不斷增加那些能讓你感到「喜悅」的時光。因為，只要專注於尋找自己的「喜悅」，你就能擁有最美好的人生。

目錄

內在悅力

改變人生的77個幸福習慣

第1章

用「喜悅」填滿每一天

第2章

喜歡自己的簡單祕訣

第3章

成為幸福的探索者

第4章

「悅」寓於美好的言語中

第5章

成為自己的英雄

第6章

以超越「自我中心主義」的目標前進

第7章

成為「值得支持的人」

第8章

「金錢」「工作」與「喜悅」的關係

第9章

能持續感到喜悅的生活方式

第 1 章

用「喜悅」填滿每一天

01 為迎接最棒的一天做好準備

養成讓自己感到愉快的早晨習慣，與睡前的放鬆習慣，可以幫助我們掌控一天的開始和結束。

白天有時需要在緊張的工作環境中打起精神，因此在早晨和夜晚創造舒適的時間，對於創造最佳的一天至關重要。

許多享受人生的人都有固定的早晨習慣。

例如，我所尊敬的某一位老闆，每天早上沐浴前都會在自家的檜木露天浴池裡撒滿玫瑰花瓣。當被問到「您早上還有其他必做的習慣嗎？」時，他回答會練習高爾夫空揮桿，並稱讚自己：「今天的狀態也很棒！」即使無法擁有檜木露天浴池，但空揮桿這件事，我們依然可以做到。

據說，頂級飯店「東京麗思卡爾頓飯店」第一任日本分公司社長高野登先生，40年來每天早上都會做一套獨創體操來當作一天的開始。

以「不良牧師」聞名的岡田正之（Arthur Hollands），是許多名人、頂尖運動員和各界領袖的導師，他每天早上會花5分鐘進行「與上帝約會的時間」，仔細閱讀幾頁的聖經。

擁有讓自己心靈感到愉悅的時間。

許多成功人士都是從「愉快的習慣」開啟新的一天。

包括慢跑和冥想等活動也是。重點在於，當你實踐這些習慣時，即使獨自一人也能感到愉悅。若清晨就擁有「讓自己感到喜悅的習慣」，整天都會更加美好。尋找讓自己快樂的事物，開啟屬於你的美好早晨吧！

02 用胸式呼吸調整情緒

許多幸福的成功者早上都有冥想的習慣。

據說，冥想時搭配腹式呼吸能達到更好的效果。我每天早上冥想時，也會留意採用腹式呼吸，並時刻感受自己的「呼吸順暢」、「狀態極佳」。

然而，出乎意料的是，主治醫生卻對我說：「田中先生，您的肺部有阻塞的問題，建議每天早上還是要讓肺部完全吸滿空氣喔。」

我回答他：「可是我每天早上冥想時都有進行腹式呼吸啊……」

醫生解釋：**「雖然是腹式呼吸，但空氣實際上仍進入肺部。建議先透過「胸式呼吸」充分擴展肺部，再轉向腹式呼吸，以更專注地調整呼吸節奏。」**

以下是醫生教我的胸式呼吸法——

首先，像含著吸管一樣嘟起嘴脣，利用腹部的力量吐出全部的氣。

接著，深深吸一口氣，讓空氣充滿整個肺部，像吹氣球一樣，充分擴展肺部的上下、左右與深處，當無法再吸入時，暫停片刻，感受氧氣傳遍全身。

之後，再次像用吸管吐氣一樣，「呼～～！」地吐盡所有的空氣。重複上述步驟3次。

結束後，再一邊冥想一邊進行腹式呼吸，會發現呼吸的深度達到了全新的層次。

呼吸的深淺對心理層面也有顯著的影響。呼吸淺短內心容易感到不安，呼吸深長則能使精神更加平穩。為了調整心情、尋找愉悅，請嘗試有助於擴展肺部的胸式呼吸吧。

03 在晨曦中醒來

我住在東京一間出租公寓裡。每2年搬家1次，對我而言是一件讓人愉快的事情。每次搬家時，我都會選擇臥室朝東的房子，這樣清晨的陽光便能照進房裡。

晚上睡覺時，我從不拉上窗簾，早上伴隨著陽光自然醒來。當然，也會遇到天氣不好沒有陽光的日子，或是起床時間必須比日出還要早的情況。不過，那些被明亮晨光喚醒的日子，僅僅如此，便足以讓一天從愉悅的心情開始。

據說現代人普遍缺乏維生素D。

其原因在於，幾乎整天都待在室內，即使外出也會使用防曬產品，極力避免曝曬於紫外線之下。

然而，皮膚在受到陽光照射時會產生維生素D。換句話說，過度避免晒到陽光會導致維生素D不足，進而對身體產生不良影響，例如，骨密度下降引起的姿勢老化、臉部鬆弛、基礎代謝率降低、睡眠品質下降以及憂鬱狀態慢性化等。

可以說，過度避開陽光對保持年輕來說反而適得其反。

此外，早上晒太陽會促進「血清素」分泌。血清素有穩定情緒的作用，也是一種能提升幸福感的激素。

早晨的陽光相較白天紫外線較弱，與其完全隔絕紫外線，不如嘗試每天早上晒一下日光浴。

當然，也有許多人住在臥室沒有朝東的房子裡。

若是遇到這種情況，建議早上起床後到戶外走一走，即便只是幾分鐘也好，在日常生活中養成沐浴陽光、吸入新鮮空氣的習慣吧。

04 設計屬於自己的今日結尾

也推薦在晚上睡前做一些「愉悅的事情」。我的睡前「愉悅」習慣是打開Amazon Prime或Netflix，觀看喜歡的海外影集。調一杯Highball（威士忌雞尾酒），以輕鬆悠閒的心情欣賞影片。

一般都說睡前不要接觸藍光，不要看刺激的電影，也不要喝酒，會影響睡眠。但就我個人來說，到目前為止我依然能夠熟睡。

如果要培養睡前的「愉悅習慣」，你會選擇做些什麼呢？

泡個溫暖舒適的香草浴，或是在柔和的暖光下閱讀一本好書，享受優雅的片刻，都是不錯的選擇。

我身邊也有許多人會享受睡前的「愉悅時光」。

例如，我的行銷學老師橫田伊佐男老師，他在東京都內有自己的住宅，但仍然在山梨縣富士五湖附近租下一片相當於一個足球場大小的土地，每年有一半的時間都在那裡露營生活。他還會邀請企業家和管理層到那裡參加研討會和會議。

每當在社群網站上看到老師分享，他在月光與營火的映照下，拿著波本威士忌，享受睡前「愉悅時光」的照片時，我的內心就會湧出滿滿的幹勁，激勵自己：「好！我也要努力工作，去那裡享受那份愉悅！」

在親手打造的最佳「愉悅環境」和「愉悅空間」中結束一天的生活——各位不覺得這樣的人生非常美好嗎？

如此一來，一定能懷著愉悅的心情入睡，做個美夢，甚至連睡著後都會露出微笑。

05 將家中打造成能量聖地

人生中有一半以上的時間都會在自己的家中度過，不知道這樣的房子是否已經成為一個讓各位感到舒適的空間了呢？

「愉悅習慣」的意思中，也包含創造讓內心感到愉悅的時光。請試想一下，從早上起床到出門，以及從回家打開玄關門到入睡為止，你的行為模式和活動路徑是什麼樣子。

首先，從寢具開始檢視。你使用的寢具是否舒適？據說，睡眠時間占了人生的三分之一。也就是說，在這麼長的一段時間裡，各位只在大約一塊榻榻米大小的空間裡度過，因此，投資寢具非常值得！選擇適合自己的枕頭、觸感舒適又溫暖的被子、讓心情愉快的床，打造一個專屬於自己的「能量聖地」。

早上起床拉開窗簾時，是否會感到充滿幹勁呢？

以我為例，通常起床後會先去洗手間，如果馬桶不乾淨，那美好的早晨就會因此泡湯。地板有沒有掉落的毛髮或灰塵？牙刷是喜歡的款式嗎？如果刷毛已經散開，就該換新的了。洗手臺是否有水垢？請根據自己的行為模式一一檢查這些細節吧。

如何讓生活空間更舒適呢？不妨花一些時間，仔細策畫如何將居住的空間打造成專屬於自己「能量聖地」。

06

在家中的中心供奉神靈

將住宅化身為「能量聖地」的計劃，最終完成的形態無疑是將神像奉祀於家中。**無論是神棚、佛壇、十字架等，只要將可以敬拜的對象安置在位於家中中心的房間，就能調整家中的氣場。**不少人在新年或祭典時會到神社參拜，也可以將購入的「家內安全」或「生意興隆」御守代替神像，供奉於家中。

神明喜歡熱鬧的地方，可以在客廳設置一個迷你祭壇，供奉盛鹽、水和生米。在一天的開始，面對祭壇行二禮二拍手一拜，並說：「感謝保佑今天是一個美好的日子。」預祝今天的成功，自然能感受到充沛的活力。

此外，在睡前以感恩的心情結束一天，說道：「感謝今天所有美好的相遇與緣分。」這樣能安撫心神，讓人平靜地進入深層睡眠。

養成不居功的習慣，每天早晚低下頭，合掌感謝神明：「一切都是托祢的福。」不僅能帶來謙虛的美德，還能讓感謝之心發出的高頻率擴散至整個住宅空間，形成一個防止邪氣入侵的保護屏障。**或許聽起來頗為神祕，但近年來，祈禱的效果已在量子力學和腦科學等領域中得到證實。**

此外，關於本書主題「悅」這一漢字的來源，有一種說法是：「悅」的構造源自神主向神明祈禱時，神氣降臨的情景，以「兌」字表現。而在與神明連結、驅散邪氣後，內心感到的舒暢與喜悅，則用「悅」字來表達。

因此，每天養成感謝與祈禱的習慣，才是真正意義上的「愉悅習慣」。

07 沐浴在幸福中並與他人分享

據說日本人壽險業務大概有123萬人。在這麼多業務中，有一位連續兩年獲得全國第一的保險業務，他還分享了自己的「愉悅習慣」。

這位業務每天只安排3位客戶，既不是2位，也不是4位，而是3位。**他認為，如果能讓這3位客戶感受到超乎想像的滿意與喜悅，就能為下一步的介紹客源鋪路。**因此，他每天都認真思考，如何才能讓當天要見面的3位客戶感到開心。

為了實現這一點，他養成**每天早上進行「幸福之浴」**的習慣。

每天早上，他會進入浴室，將淋浴的水溫稍微調高一點，讓水流沖在頸部後方。沖澡時他會依序模擬今天的每一場見面。滿懷著感謝之情前往見面地點，面帶微笑，既優雅又充滿敬意地向對方鞠躬，並遞上名片。**他會像這樣具體想像從見面到分別的整個過程，甚**

至連細節都不放過。

模擬完3位客人的情景後，額頭通常已經滲出汗水。但其實，他沖的不僅僅是熱水，而是「幸福之浴」。

在模擬的過程中，**他會想像自己在沖「幸福之浴」**，感覺幸福從腳尖慢慢累積，逐漸填滿全身，最後從額頭和頭皮溢出。溢出的汗水，就是象徵「幸福」的化身。他每天都會想像將這份「幸福」分享給3位客戶。長此以往，客戶們感到滿意，為他帶來了更多客戶，最終，他成為全國第一的保險業務。

有一些成功人士會每天沖冷水澡作為修行，但我不太能接受冷水。因此，自從聽到這位保險業務員的分享後，我就開始每天用稍微熱一點的水進行「幸福之浴」，並且一直堅持至今。

08 不要害怕同時追求兩個目標

各位是否遇過這樣的情況呢？其實對自己常去的美容院或沙龍服務並不滿意，但因為懶得再找新店，或者因為愧疚感，覺得「現在才換店是不是有點不好意思呢」受人情束縛，而選擇繼續忍耐。

既然已經花費時間和金錢享受片刻的奢華，更應該找到一家能讓自己每次光顧都充滿期待的心儀店家。

目前為我服務的美容師是我的一位朋友。他不只技術高超，還是一位企業家，且事業規模比我更大。在剪髮時，我們常常會花2～3個小時討論商業話題，這段時間總是令我非常期待。他不僅各方面都很優秀，熱衷於學習，還會給予我許多經營上的建議，每次都分享大量有益的資訊。而且，他作為美容師的技術更是無可挑剔，絕對屬於頂尖水準。

他不僅能為我設計最適合我的髮型，還能提供商業資訊，甚至在經營上給予指導，實在是太過完美！

日本有句諺語是「二兎追う者は一兎をも得ず（魚與熊掌不可兼得）」，但也有「一石二鳥」的說法。所以，不必顧慮太多，大膽去追求吧！不要說兩兔，甚至三兔也沒問題！

09 與其藏錢在抽屜，不如嘗試錢包儲蓄

有一種收入沒有增加，但卻能存更多錢的方法。這是我在閱讀連續10年蟬聯富豪榜第一的巨商——齋藤一人的書後，心想「原來如此」，並開始實踐的方法。

具體的做法是，將薪水的十分之一存放在「錢包裡」。

一般來說，大家通常只會把用來花費的錢放進錢包對吧？在這種情況下，每次打開錢包時，錢就會減少，於是大腦便會認為「錢是一種會減少的東西」，進而做出讓錢減少的消費選擇。

因此，必須欺騙大腦，讓大腦以為每次打開錢包時「錢都會增加」。

為了達到這一目的，**錢應該存放錢包，而不是抽屜或是銀行。如此一來，大腦就會誤以為「錢包裡的錢會增加」，並開始採取能夠使錢增加的行動**，真不愧是巨商的智慧！

自從養成這個習慣後，我的錢也肉眼可見地增加，令人不禁驚嘆：「大腦真是太厲害了！巨商真是了不起！」

此外，我還養成了觀察鈔票序號的習慣。

以日本的鈔票為例，據說序號末尾是「５Ｘ」的鈔票，在所有金錢中地位最高，其次是「９Ｘ」。

依序來看，序號為「５Ｘ」、「９Ｘ」、「５Ｙ」、「９Ｙ」以及「５Ｚ」、「９Ｚ」的排名較高。因此，只要專注於帶有５和９的ＸＹＺ序號即可。

據說，排名高的鈔票是「招財金」，因此，每當發現這些鈔票時，我的心情總是特別愉悅。

當然，我無法確定這個說法是真是假，但就算相信了也不會有任何損失。我把這件事當成是「一種樂趣」，並付諸實踐，結果在這4年間，我的收入增加了10倍。

邊享受樂趣邊存錢，這就是錢包儲蓄的「愉悅習慣」。

不妨就當作被騙，各位也試試看吧！

10 撿起掉落的「幸運」

假設在路上看到1萬日圓的鈔票，大家會裝作沒看到嗎？相信大部分的人應該都會撿起來吧！

那如果掉在路上的是垃圾呢？願意「撿起來」的人應該寥寥無幾吧？

我住在公寓裡，經常會在公共區域看到垃圾。無論是在商業大樓還是火車，地板上總會看到散落的垃圾。

每當看到這些垃圾，我都會在內心大喊：「找到幸運了！」並撿起垃圾，拿到它應該去的地方（垃圾桶）。每完成一次，我都感覺自己「獲得一點運氣」。

當累積了足夠的運氣後，回報就會隨之而來，例如遇見很棒的人。而這份回報的價值都遠遠超過1萬日圓。

我非常尊敬極真空手道世界冠軍塚本德臣先生，他曾在22歲時，以史上最年輕的年紀成為世界冠軍。然而，在接下來的15年間，雖然他一直被視為奪冠的熱門選手，但始終未能再度登頂。

37歲那一年，他決定隔年參加最後一次世界大賽後引退。在這段期間，他改變心態，告訴自己：「路邊的垃圾，是我過去行為不端所失去的運氣。」

因此，他每次從家裡前往空手道場的路上，會將沿途看到的所有垃圾撿起來。據說，垃圾多到原本只要15分鐘的路程，他整整花了2個小時才走完。

在「撿」了1年的「運氣」後，他在最後一次世界大賽中締造了極真空手道的傳奇——準決賽前的每場比賽全以一本勝出，最終以37歲的年紀成為史上最年長的世界冠軍，而這項紀錄至今未被打破。

若只把撿垃圾當作是一件麻煩事，大部分的人都會選擇視而不見，不過，如果將其視為「掉落的幸運」，就再也無法忽略那些垃圾了吧！

第 2 章

喜歡自己的簡單祕訣

11 「自我肯定法」使自己感到喜悅

「小克人真好！小克好厲害！」

我經常在腦海中幻想其他人這樣稱讚我。

這並非刻意培養的習慣，而是從幼稚園開始就有的行為，我會在操場一邊以極快的速度奔跑，一邊幻想著班上的朋友都如此誇獎我。也許我天生就擁有「自我陶醉的體質」也說不定。

大家小時候是否也有過類似的經驗呢？

男生可能會想像自己是夢中的英雄，覺得自己超帥；女生則是會想像自己成為最喜歡的女主角或偶像，陶醉地認為自己很可愛。

這其實是一種名為「自我肯定法（Affirmation）」，效果顯著的技巧，能夠讓大腦深信「自己真的是那樣的人」。

請試著站在鏡子前讚美自己。

「我真帥，今天也魅力四射！」

「我今天也超級可愛的！一定會很受歡迎！」

一開始可能會覺得自己有點蠢，但只要持之以恆，到最後甚至會想說「就連這樣的自己，都超有魅力呢♪」

12 重新書寫負面情緒

「人會成為自己所想像的那種人」這句話出自全球暢銷書《「原因」と「結果」の法則（「原因」與「結果」的法則，暫譯）》（サンマーク出版）的作者——詹姆士・艾倫（James Allen）。這正是先前所介紹的「自我肯定法（Affirmation）」。透過言語的力量，自我肯定法能讓人生變得更加豐富。

不久前，我和一位擔任諮商師的朋友一起吃晚餐。當時我無意中說了一句話，對方突然問我：「田中，你該不會覺得，一旦展現出真正的自己，就會被討厭吧？」

仔細想想，確實如此，我總覺得如果完全展現出真實的自己，反而會讓身邊的人感到困擾，進而遭到厭惡。

說來諷刺，我明明一直對外強調：「不要在意他人的評價，盡情做自己吧！」但實際上，卻害怕展現最真實的一面。

過去，一位心理諮商師曾問我：「田中先生，你為什麼覺得自己沒有商業頭腦？」事實上，我一直認為自己不擅長經營，但這句話讓我意識到，那只是我對自己的既定偏見。

然而，光是意識到問題，並不能輕易改變根深蒂固的想法。

遇到這種情況時，最有效的方式是利用「自我肯定法」重新塑造信念。

我使用一款能在手機待機畫面上顯示便利貼的APP，把以下這段話設在桌面，閒暇時默讀，每天至少大聲朗讀1次：

「我是個受人喜愛的人，天生擁有卓越的商業頭腦，只需投入不到十分之一的工作量，便能在48歲時達成淨資產10億日圓的財富自由，並在環遊世界的同時，為無數人帶來幸福，享受身心富足的人生。」

剛開始執行時，我還會想說：「這未免太像天方夜譚了吧？要是被別人看到，一定很丟臉……」但如今，我已經能夠自然而然地認為：「反正3年後，我就能夠成為這樣的人」。

13 善用信念的力量

運用信念的力量，可以創造出超乎常理的「理想結果」。

我有一位朋友是企業家，他在高中時便下定決心：「我這輩子不會為金錢煩惱，也不會有小腹凸出的困擾。」至今過了30年，他從未因金錢問題而苦惱，即使沒有刻意養生，小腹也始終平坦。

另一位女性朋友，從國中起便深信：「就算吃蛋糕也不會發胖。」從那時起，她每天都吃3塊蛋糕，至今依然保持勻稱的身材。

還有一位朋友，在30幾歲時被診斷出罹患白血病，醫生甚至宣告他所剩時日不多。然而，他堅信：「我的癌細胞不會作怪。」自那之後的20年間，他既沒有服用藥物，也從未發病（儘管檢測數據仍顯示異常）。

我自己也透過「信念的力量」，來塑造我的貴人運。當我想見某個人、想與對方共事時，我只要深信「我們一定會見面」，並將這個念頭拋諸腦後。因為我知道，當時機成熟，我們自然會相見。也就是說，我對此「深信不疑」。

正因為「信念的力量」，我得以與許多知名作家結緣，例如《人は話し方が９割》（すばる舎）的永松茂久先生、《やる気のスイッチ》（Sanctuary Books）的山崎拓巳先生，還有《前祝いの法則》（Forest Publishing）的大嶋啓介先生等。如今我們依然保持良好關係。

選擇相信自己期望的事物，任何人都能塑造出理想的自己。因為我們的大腦天生具有「自動搜尋所需事物」的功能，當我們堅信某件事，大腦就會朝著這個方向運作。

「只要相信，然後遺忘」即可。這個習慣毫無負擔，也沒有風險，非常值得一試。

14 利用小旅行拓展人生的視野

建議養成每月 1 次小旅行的習慣，無論是當天來回還是兩天一夜都可以，不必特地出遠門，只是去附近平時不會前往的觀光景點或露營地也無妨。

幸福成功者中，行動範圍大多更為廣闊，選擇也更加自由。相反地，那些遲遲無法突破自我的人，往往侷限在固定的生活圈中，缺乏變化與刺激。

過去有一位來找我諮詢的女性表示：「我想改變自己。」

我問她：「妳有沒有想去的地方？」

她回答：「我想去京都。」

我接著詢問：「什麼時候要去呢？」

她努力為自己找藉口，說明為什麼現在無法成行：「我每天奔波在公司和家庭之間，先生很晚才會回到家，我只能自己帶小孩，根本沒有時間去京都……如果要去，可能要等孩子長大獨立之後……」

我裝作完全沒聽到這些藉口般，直接對她說：「找個最近的假日，請先生或父母幫忙照顧一下孩子，當天來回去一趟京都吧，妳打算哪一天去呢？」

她當下一臉困惑，但最終還是接受了我的建議，並決定下週就執行。結果這次成功的經驗，大幅拓展了她的行動範圍和選項。她甚至報名了一直想學習的課程，從下個月開始每月搭乘新幹線前往名古屋住宿上課。

想要改變人生，與其拚命地轉變想法，不如先從行動開始，能夠更快感受到變化。

我自己也曾有行動受限的時期。從二〇二〇年到二〇二二年，因為COVID-19疫情，我無法自由活動，在這段期間，感覺自己的人生與事業發展都陷入停滯。

現在，正是該改變行動的時候！以我為例，我計畫勇敢走向世界，拓展人生的舞台，目標是讓非洲也能變成「家附近」的一部分。

15 利用「介紹的介紹的介紹」擴展價值觀

有一位名叫「のりぴ（Noripi）」的女性，現在30歲出頭，曾拜託我協助她建立社群。她在25歲時進行了一項實驗，內容為**「如果只透過認識的人介紹，最終能夠認識到誰？」**

她與每一位相識的人建立深厚的信任關係，透過對方的介紹結識新朋友，並與之建立友好關係……不斷地循環。過程中她完全沒有使用網路或社群媒體，而是透過「介紹的介紹的介紹」來拓展人脈。

這項實驗才進行2年，她便受邀參加已故英國女王伊莉莎白二世的祕密派對，還成為英國高端汽車品牌「賓利」創辦人姪子的茶友，甚至與杜拜王室有所交情。

當她成功「接觸伊莉莎白女王」後，便失去繼續的動力，於是結束了這項實驗。不過，她在這段時間培養出的價值觀，讓她如今除了房地產管理公司，還擔任醫療器材貿易公司、海外房地產投資、新創公司的顧問。

對她來說，這場名為「實驗」的「愉悅習慣」，將自己帶往了意想不到的境界。

雖然沒有達到のりぴ那種程度，但我也同樣透過「介紹的介紹的介紹」建立人脈，養成獨特的價值觀，從而擁有多采多姿、充滿喜悅的人生。

也許在社群媒體上爆紅很重要，但就我個人而言，**讓自己「感到喜悅」的人生，比起在社群媒體上得到關注，還要有趣好幾十倍！**

16 模仿崇拜的對象

我在少年時代，曾將假面騎士和成龍視為偶像，模仿他們並從中感到愉悅。儘管年齡、身高和外貌（與假面騎士有很大差異）完全不同，我依然沉迷於模仿這些英雄角色。直到現在，每當我看完電影，仍會沉浸在自己彷彿是電影主角的感覺之中，並因此感到滿足。

其實，我認為自己能夠開創人生，正是深受「模仿憧憬對象的技巧」影響。

我曾經努力接近許多自己崇拜的偶像，仔細觀察他們的表情、說話方式與整體氛圍，並在浴室的鏡子前模仿當天聽到的台詞，評價自己的表現，例如「啊！剛剛有抓到感覺」、「好像有點不太對……」等。直到現在，我仍然持續研究憧憬的對象（有時還會在當事人面前模仿過度，惹怒對方）。

透過這樣的練習，在面對人生的關鍵時刻或商場上的重要機會時，我能夠在腦中迅速召喚那些「老師」，模擬「如果是他們，會怎麼思考？」從而更快找到答案。

若是情況允許，我甚至希望連穿著和生活方式都一併模仿，當然還是要根據自己的條件來調整。從今天開始，有一件事情是任何人都能夠立刻嘗試的——觀察對方的「表情」、「說話方式」與「氛圍」，並略為誇張地進行模仿。請享受這個過程，試著讓全身心都投入其中吧！

17 人和幸運會聚集在光亮之處

如果猶豫不決，不知道該養成什麼習慣，首先推薦「保持微笑」。

微笑，就像是自身閃耀的恆星。

恆星的光輝能照耀周圍的行星與星辰，並帶給我們這些生物溫暖。

同樣地，微笑能讓許多人感到平靜，心情明朗。

能以笑容點亮周遭的人，總會受到大家的喜愛；能用微笑溫暖他人的人，會得到眾人的仰慕。

日本有句諺語是「笑う門には福来たる（家中充滿歡笑，自然福氣臨門）」。

就像熱鬧的祭典總能吸引眾多人潮，充滿笑容與歡笑聲的地方，也會讓人不自覺地聚集而來。

人潮匯聚的地方，稱為「有人氣」；受眾人喜愛的人，則稱為「有人緣」。

人氣旺盛之處，經濟活動也會更活絡；經濟蓬勃發展，就會吸引更多人，並匯集更多資訊；當有益的資訊源源不絕地流入，自然就會有愈來愈多人的人生變得更加順遂。於是，大家便會口耳相傳：「只要去那裡，運氣就會變好喔！」

人、金錢、資訊，甚至連運氣，一切都會向著光亮之處聚集。

笑容，能讓你自己成為「能量景點」。保持微笑，正是打造幸福人生不可或缺的「愉悅習慣」。

18 讓自己充滿自信的「美好誤解」

你喜歡自己的長相嗎？

當他人如此詢問時，除非是對自己外貌極有自信的人，否則大部分的人可能會回答：「還好。」

不過，即便是對自己的外貌沒自信，或者無法發自內心地喜歡，也還是有辦法讓人喜歡上自己的臉。

這個方法是——練習模仿自己喜歡的名人或藝人的五官特徵。

國中時，我曾經非常憧憬演員保阪尚希那既銳利又有點下垂的眼尾。我覺得他微笑時，眼角浮現細紋的樣子非常帥氣。於是，我曾有一段時間，每天早晚都站在洗手臺的鏡子前練習，試著讓自己的笑容自然地展現出像保阪尚希那樣的眼角細紋。甚至在洗完澡後，我還會全裸站在鏡子前，一邊看著自己，一邊自我陶醉：「哇！剛剛的笑容，簡直跟保阪尚希一模一樣！」

至今還沒有人對我說過：「你的眼睛好像保阪尚希！」**但我並不在意他人的想法，只是單純深信自己跟保阪尚希很像，並努力朝那個方向邁進，就已經讓當時的我感到無比幸福。**

你喜歡的名人或藝人是誰呢？他們的外貌特徵中，哪個地方最讓你著迷？來吧！站到鏡子前，開始模仿看看！

「哇，我簡直跟〇〇一模一樣，超好看！」

19 深愛自己臉上的某個部位

聽到我說：「請在自己的臉上找到你最喜歡的『溺愛部位』。」時，有不少人會回說：「根本沒有那種東西！」

正因為如此，我才希望各位能夠試著去喜愛自己臉上的某個部位，就算只是一小部分也好。

關鍵就在於，不要求整張臉，只要其中某個部位就好。

無論是光滑細緻的肌膚、整齊潔白的牙齒、微笑會浮現的酒窩、像石原聰美那樣豐潤的嘴脣、帶來好運的痣、位在臉部中央小巧可愛的鼻子，還是讓人忍不住想咬一口的圓潤臉頰……哪怕只是個微不足道的小地方，都可以成為「溺愛部位」。

這就是所謂的「魅力點」。

或許你從來沒特別在意過，但其實身邊的人可能曾經誇獎過你的某個五官。

以我為例，我的笑容經常受到稱讚，許多人都對我說：「你的笑容也太犯規了吧！」這或許要歸功於我國中那段努力模仿保阪尚希的時光吧！

魅力點因人而異，不是用來與他人比較，而是屬於你獨一無二的特質，讓人對你印象深刻的「個人標誌」。不需要獲得他人的認可，**只要自己喜歡，或是身邊幾個人稱讚過即可。從現在開始，試著「溺愛」自己的魅力點，盡情地誇耀、深愛這個部位吧！**

當養成習慣後，奇妙的事情就會發生──一開始只是自己深愛的部位，久而久之，真的會成為周圍也認可的魅力點。

愈是深愛這個部位，就愈能建立真正的自信。

起初這件事不需要告訴任何人，請大膽地沉醉在這場美好的「誤解」裡吧！

第 3 章

成為幸福的探索者

20 目標可以隨時改變

「今天要看完1本書！」、「1個小時內寫完貼文！」，如果為了成為理想中的自己，每天都設定這樣的目標，並付諸行動，一天24小時將會比想像中的更加充實。

然而，每當我談到這件事時，幾乎沒有人會露出「原來如此！」的恍然大悟表情。

因為對任何人來說，「目標」往往伴隨著壓力，令人感到抗拒。

我曾經也認為「設定目標固然有效，卻會讓人感到疲憊不堪」。不過，我卻遇到了一種顛覆這種想法的全新觀點。

我曾參加「Japanet Takata」創辦人高田會長的演講，他在演講中以高爾夫為例。

「假設目標是以百桿打完18洞，可拆解為『前半50桿，後半50桿』來規劃。沒想到前半場結束時已用了55桿——要放棄嗎？不，還不到放棄的時候！只要後半場用45桿打完即可，這時應重新調整目標。當來到第15洞，剩3洞時卻已破百桿——要放棄嗎？還不能放棄！再次設定目標，挑戰刷新個人紀錄，打出127桿的新高分！」

這個例子告訴我們，**目標可以隨著當下的情況調整。**

最後，他全力揮出最後一桿，打出與自己個人紀錄持平的127桿，還興奮地擺出勝利的姿勢。結果卻發現還剩下第18洞！這個意外的發展讓全場哄堂大笑。他以這段話作結：

「為什麼要設定目標呢？目標的存在，是為了讓我們能夠專注於眼前這一瞬間，拚盡全力活在當下。目標並非不能改變，可以根據情況調整。只要我們全力以赴迎戰眼前的挑戰，無論是人生還是事業，最終都會朝著自己想要的方向前進。」

與其擔心「如果沒達成目標怎麼辦？」或因沒達標而自我否定「我果然很糟」，不如專注當下，盡情享受每一刻。決定為了成為理想自己後，勇敢嘗試吧！

21 開啟天賦的方法

各位是否有聽過「1萬小時法則」呢？這是美國知名專欄作家麥爾坎・提摩西・葛拉威爾（Malcolm Timothy Gladwell）在《異數：超凡與平凡的界線在哪裡？》（時報出版）中所提倡的法則。

這個法則主張，無論是什麼技能，只要練習1萬個小時，就能達到專業水準。

「原來如此！現在還不會，但只要做滿1萬個小時就會了！」姑且試著計算所需的時間，假設每天投入10個小時，新年、盂蘭盆節（日本的傳統節日）等長假都不休息，總共需要1千天，大約要花3年。如果每天睡6小時、工作8小時，剩下的10小時全用來練習……這根本不切實際吧？但若是將練習時間減半，1萬小時就需要6年才能完成……這的確是一道不小的門檻。

然而，成功者確實投資了如此漫長的時間。**為什麼他們能夠做到呢？答案很簡單，因為這就是他們的「喜悅」。**他們不覺得自己是在「努力」，畢竟，這樣的練習量與持續時間，光靠普通的努力根本無法堅持下去。

在一場演講中，一位知名企業家曾說過：「當你發現自己無時無刻都在思考某件事時，就代表你終於站上通往成功的起跑線。」

換言之，當你找到能讓自己全身心投入的事，「1萬小時法則」才真正啟動。

或許你也曾對某些事物產生興趣，例如「想提升品味」或「嘗試高爾夫」。這時，最重要的就是先去做。天賦、技能、年齡、經驗都無關緊要，關鍵在於「這件事能讓你快樂嗎？是否讓你產生興趣？」有時不知不覺持續多年，回頭一算，才驚覺自己早已累積超過1萬小時，天賦就在這過程中悄然開花結果。

更何況，不一定要成為所謂的「天才」，只要能找到一件即使做了1萬個小時仍樂此不疲的事情，人生本身就已經足夠精彩。

如果有什麼讓你感興趣的事，與其猶豫不決，不如先試試看！等嘗試過後再決定要不要繼續。至於能不能堅持下去，則是更久以後才需要思考的問題。

22 在三溫暖中冥想，進入「調整時間」

因為「ととのった（totonota，調整）」一詞，三溫暖在日本再次掀起旋風。三溫暖↓冷水浴↓日光浴，這一過程能夠帶來極致的幸福感，迅速擄獲了年輕一代的心。

從醫學角度來看，三溫暖對健康也有諸多好處，例如，能有效預防中風、憂鬱症等，還具有美容和消除水腫的效果，可謂是一舉多得。

以下是《医者が教えるサウナの教科書（醫者傳授的三溫暖教科書，暫譯）》（ダイヤモンド社）一書的作者，現任醫生加藤容崇醫生所介紹的八大三溫暖效益。

①緩解大腦疲勞，讓人神清氣爽；②α波恢復至健康範圍，達到放鬆效果；③增加β波，激發更多創意與靈感；④有助於控制情緒；⑤改善晚上的睡眠品質；⑥提升五感的敏銳度；⑦減輕肩部、腰部疼痛以及眼睛疲勞；⑧讓皮膚更光滑，養成易瘦體質。

各位是否覺得三溫暖很神奇呢？以下就來介紹初學者的「調整法」。

首先，進入三溫暖室前要簡單擦乾全身的水氣，接著將毛巾圍在腰部（女性圍在胸部），進入溫度為90至100度的乾式三溫暖室，坐在靠近入口、溫度較低的地方（溫度最低的地方）。起初先忍耐6分鐘（習慣後可延長至12分鐘）。當體內完全暖和後，立刻前往冷水浴，用水桶舀水，沖在流汗的胸部和肩膀上，讓心臟逐漸適應水溫。內心默念「加油！」，鼓起勇氣將肩膀以下泡入冷水中。集中精神，忍耐40至60秒。從冷水浴中出來後，輕輕擦乾全身，坐在設施準備的椅子或板凳上放鬆。重複此步驟3～4次，就會感受到血液流通至全身毛細血管的微妙刺痛感，達到舒適的「調整」狀態。

我自己會在「調整時間」進行冥想，這讓我對三溫暖沉迷不已。與平時雜念紛飛的冥想不同，「調整時間」的冥想，能夠完全專注於全身的感覺，讓時間過得飛快，請務必試試看！

23 嘗試「少麩質」的生活方式

我是個脾氣急躁，情緒起伏劇烈的人，這種個性曾嚴重影響我的日常生活，因此我嘗試了各種改善方法，像是尋求諮詢、閱讀相關書籍等，但完全沒有成效。

我一度半放棄，認為自己的個性可能一輩子都無法改變。然而，某天在因緣際會下，我和朋友決定一起嘗試**「無小麥瘦身法」**。

我們設定了「只進行2個月」的目標，開始不吃小麥製品、麵包、麵類的飲食生活。

大約1個月後，我驚覺自己這段時間竟然完全沒有感到焦躁不安。於是，我試著調查原因，發現**小麥中含有一種名為「麩質」的成分，可能會損害腸道健康**，進而導致幸福荷爾蒙「血清素」的分泌不足，促使壓力荷爾蒙「正腎上腺素」過度分泌，使人遇到一點小事就會情緒爆發。

雖說如此，完全不攝取麩質反而會帶來額外的壓力，因此，我採取了「少麩質」的飲食法，設定少量攝取也無妨的規則，適度控制麩質的攝取量。

持續一段時間後，我的情緒變得相當穩定，甚至覺得「世界竟然如此和平！」。

此外，我的兒子在高中二年級的夏天被診斷出慢性病「潰瘍性結腸炎」，那一年他幾乎都在醫院的病床上度過。在第三次出院後，他開始採取無麩質飲食，結果至今健康得彷彿過去的病症從未存在過一般。

當然，並非每個人都會受到麩質的影響。

據說，日本人的體內缺乏分解麩質的酵素，但我自己在20幾歲前也沒有出現任何問題。不僅僅是麩質，檢測自己是否有潛在的過敏原，也是個不錯的選擇。

如果容易生氣、心情低落，或是花粉症症狀嚴重，不妨試試2個月的「少麩質生活」。

24 透過斷食打造幸福體質

「腸道」向來有人體第二大腦之稱，其實在專家之間，「腸道的一部分是大腦」已經是定論。在日語中，經常使用「腹部」相關詞彙來表達情緒，例如，「腹が立つ（怒火中燒）」、「腹を決める（下定決心）」、「腹の虫のいどころが悪い（心情不佳）」等。這並非巧合，事實上，神經傳導物質（多巴胺、正腎上腺素、血清素等）中，有近7成是在腸道中分泌，其中**被稱為「幸福荷爾蒙」的血清素，更有9成分泌自腸道**。相比之下，腦內的血清素含量僅占2%。

由此可見，**與其說幸福感由大腦決定，倒不如說是腸道在掌控**。此外，腸道的健康狀況會直接影響情緒，由情緒長期累積後塑造出的「個性」，幾乎可以說是取決於腸道。

也因此，「斷食（Fasting）」近年來再次受到關注。

簡單來說，斷食指的是「不進食」，但若搭配優質的酵素飲品，不僅可以補充礦物質與糖分，同時還能減少飢餓感，降低身體負擔。

斷食不只能改善腸道環境，還具有排毒（Detox）效果，有助於清除內臟與血液中的老廢物質與毒素，進一步提升免疫力，同時還有助於養顏美容。

斷食的時間長短因人而異，例如，16小時（1天內連續16小時不進食）、三日、六日等，甚至有人會進行1～2個月的長期斷食。

以我來說，我並不打算嚴格執行斷食，而是以維持「能夠持續感到愉悅的體質」為目標。因此，我選擇每週進行1次16小時斷食（不吃早餐），再搭配每3個月1次的三日斷食，以維持身心的最佳狀態。

不過，若是第一次嘗試斷食，建議在專家的指導下進行，以確保安全並達到最佳效果。

25 運動讓運勢流動

許多成功人士都將運動納入日常生活中的一環，像是晨跑、健走、高爾夫、網球、瑜伽、健身、鐵人三項、格鬥技等。要想跟他們一樣，**關鍵在於，運動時能否讓自己感到「我很棒」、「做得很好」，從中獲得愉悅並持之以恆。**仔細觀察那些熱衷於運動的人就會發現，他們的臉上總是洋溢著滿足的笑容。正因為運動讓人愉快，才能夠長久堅持。請不斷嘗試，直到找到能讓自己享受其中的運動吧！

像我這種容易感到厭倦的人，會根據當下的心情與時機，選擇不同的運動，例如，健身、踢拳擊、游泳、慢跑、散步、籃球、衝浪（僅限夏天）、高爾夫（只練揮桿）等。

你可以專注於一項運動，也可以像我一樣，隨心情變換選擇。總之，最重要的是活動身體。運動不是義務，而是一種享受，只要在開心的時候，選擇能讓自己樂在其中的運動即可。

我有一位朋友經常在社群媒體上分享一句話：「運動讓運勢流動。」事實上，運動確實能夠帶動運勢！

我在39歲後半，經歷了人生中的第二次低潮。在1年前，我剛出版了第一本書，迎來人生巔峰，卻在短短時間內急轉直下。我在書中寫下「只要不放棄，人生必定會迎來轉機」，然而當時的我卻懷疑，自己是否真的還能東山再起……

就在這時，我接觸了踢拳擊（K-1），並深受格鬥技吸引。在專心練習的時候，那些煩惱與不安彷彿全都消失了，漸漸地覺得「快樂」的時間與「今天過得很充實！」的日子愈來愈多（當時的情況，會在後記詳談）。

3個月後，我重新找回曾經的動力，甚至比過去更有衝勁。就彷彿是透過運動，驅散了不順遂的運勢，開啟了好運的正向循環。

當運氣不佳時，往往會覺得既沒有時間，也沒有心力運動。正因為如此，更應該刻意安排運動的時間，不僅能讓身體動起來，也能找回內心的餘裕與從容。

26 為「某個人」閱讀並付諸實行

我要向各位坦白一件事。我從事出版工作超過10年，參與製作超過40本書，還經營了一家小型出版社。然而，我其實非常不擅長閱讀。

我非常喜歡買書，每次購買時都信心滿滿地想著：「這次一定能看完！」結果這幾年來，我可能買了上千、甚至上萬本書，卻始終沒有看完一本書，一直處於只買不讀的狀態，浪費了大筆金錢。每當看到那些蒙上灰塵的書籍，我的內心總會隱隱作痛。

但奇怪的是，只要是工作，閱讀對我來說卻會成了輕而易舉的事。**這並不是因為專業精神或責任感驅使，單純是因為「閱讀目的」明確。**

編輯或出版企畫在審閱稿件時，會帶著明確的目標，例如：「這樣的表達方式對讀者來說會不會有點難懂？」、「資訊是否正確？」、「是否有錯字或漏字？」。反觀在為自己選書時，往往只是因為「感覺很有趣」或是「好像有幫助」而購買，閱讀的目相對模糊。

相信各位在查詢資料時，應該都會在網路上輸入關鍵字搜尋吧？如果搜尋結果不符合預期，便會調整關鍵字，使問題更加具體，進一步篩選內容。透過這種方式精準篩選後所找到的文章，通常能夠毫不費力地讀完。其實，閱讀書籍時也可以採取相同的方法。

這裡再推薦一個方法，即「為某個人閱讀」。

想想你身邊重要的人是否正面臨某個問題？他們希望解決什麼困擾，或達成什麼目的？以此為基準，挑選一本可能含有解決方案的書，並從中找出有用的資訊。這樣一來，不知不覺就能快速讀完一本書。而且，既然都已經找到解決辦法，不妨與對方分享，他一定會很開心！

這種閱讀方法，來自我的恩師所設計，由我擔任理事長推廣，名為「稻草人商人的讀書術」中的「1分鐘不讀書法」，歡迎大家試試看！

27 比起探索者不如成為探究者

如果你想要擁有幸福的人生，要做的不是探索新事物或新的自己，而是發現「已經喜歡的事物」和「已經喜歡的自己」並深入鑽研。

關鍵在於，與其當個「探索者」，不如成為「探究者」。

「探索者」是沒有明確目的地四處尋找的人，而「探究者」則是致力於深入某個領域的人。前者最終可能什麼都沒有找到，後者則是在不斷鑽研的過程中，每天都會有所發現，這正是進入「極致愉悅」的境界。

對我來說，比起那些強調商業價值的研討會，我更喜歡聽別人出於興趣而深究的狂熱話題。我經常會因為內容太過有趣，聽得入迷，不知不覺間，時間就這樣流逝了。

當人們談論自己「愉悅」的事情時，總會散發出一股無法形容的奇妙吸引力。

懷抱著青少年般的好奇心，無止境地鑽研——當你持續探究讓自己愉悅的事物，每天都會發現新的樂趣，最終，幸福也會隨之而來。

28 精通喜愛之事，成為超一流專家

即便有現成的方法可以成為「一流」，卻未必有人能教你如何邁向「超一流」。**我所定義的超一流，是指技術與能力達到一流水準，同時，其成果或作品更是獨一無二。**例如，畢卡索、史蒂芬・賈伯斯、鈴木一朗選手、草間彌生，甚至是已經70幾歲仍然持續製作搖滾音樂的矢澤永吉等人，他們無疑都是「超一流」的代表，成就非凡，無可取代。

世界知名書法家武田雙雲，也是超一流的人物之一。他不僅忠實於基本功，更是將書法從技術昇華為藝術的先驅。

武田雙雲總是給人一種快樂自在的印象。他身兼多重身分，除了是國際級書法家，還經營書法教室，亦是作家、講師與藝人。然而，前陣子他作為嘉賓來到我的廣播節目時，卻絲毫未提及任何與工作相關的話題，反而在節目開頭的30分鐘裡，興奮地談論他最熱愛的「外星人」話題。

他自幼便對「外星人是否存在」這一未解之謎充滿想像。由於鑽研外星人太過有趣，他長大成人後，甚至與數十位專家學者組成宇宙研究小組，定期討論外星生命的可能性。根據各領域頂尖研究者的最新研究成果，他得出的結論是外星人確實存在。

平時我的節目大約會有200人同時收聽，但由於武田雙雲對宇宙的見解實在太引人入勝，收聽人數竟突破平時的2倍，達到470人。這正是「超一流」人物所具備的吸引力法則。

你的生活中，是否也有讓你無條件感到興奮的事物呢？如果有，請別因為年齡、生產力、時間等理由將其擱置，而是全心投入，深入探究那些真正讓自己感到愉悅的事吧！

29 「努力」無法超越「喜歡」

過去，我曾與前美國大聯盟球員鈴木一朗選手的心理訓練師共事過。他曾對鈴木一朗說過一句讓我驚訝不已的話：

「捨棄努力吧。」

聽到這句話時，我不禁愣住，心想：「什麼意思？」於是，我追問對方。

對方解釋，**人在成長最快速的時候，往往沒有「努力」的自覺，而是完全沉浸於「想變得更厲害！」、「要怎麼克服弱點？」的想法中。**

他想告訴鈴木一朗的是，希望他能擺脫「必須更加努力」的壓力，回到少年時期那種

「單純熱愛棒球，樂在其中，渴望變得更強」的初心。

這位訓練師進一步指出，**沒有任何訓練，比「全心投入」更有效果。**

以小學生為例，他們一下課就衝向操場，奔跑、遊玩後回到教室上課，等到下次休息時間，又迫不及待地全力奔跑。他們不是被老師逼著跑，而是自己玩到樂此不疲，所以即使重複無數次，也不覺得累。

如何創造出這種像小學生一樣「開心到停不下來」的狀態，正是邁向「超一流」的關鍵。

各位在找到真正熱愛的事物後，無需勉強自己，也不必刻意努力，只要全身心沉浸其中，盡情享受即可。

30 相較夢想，擁有能讓你全心投入的「現在」

經常有人說「要有夢想、要有夢想」，於是，「沒有夢想」反倒成了一種煩惱。然而，如前文所述，比起執著於擁有夢想，更重要的是找到讓自己全心投入的事物。因此，那些對他人訴說的夢想，其實有沒有都無所謂。

有時候為了找出「說給別人聽的夢想」，反而忽略了讓自己著迷的事物。

還記得兒子幼稚園畢業典禮上，小朋友們輪流發表自己的夢想。

「我長大要當職業棒球選手！」

「我長大要當護理師！」

每個孩子都活力滿滿地回答。輪到兒子時，我滿懷期待地想著：「他會說什麼呢？」結果，他大聲喊道：「我長大後要參加美式躲避球大賽！」

後來我問兒子：「你沒有像其他小朋友一樣想從事的工作嗎？」

他毫不猶豫地回答：「那不重要吧！我就是想打躲避球啊！」

聽到這句話，我愣了一下。因為他現在迷上躲避球，所以長大後也想繼續打。如果這世界上有「職業躲避球選手」這個職業，他大概會說要成為那樣的人吧。然而，即使沒有，他也不會為了迎合社會的標準，而改變自己真正想做的事。

「長大後還想打躲避球！長大後還想參加躲避球比賽！」這不也是最棒的夢想嗎？

不過，隨著年齡增長，如果不根據職業、頭銜、年齡、學歷、性別、信仰等標籤來定義，連自己、他人，甚至孩子都無法理解。最終，人生也會變得枯燥乏味。

與其追求「10年後的夢想」，不如試著關注「現在讓自己著迷的事物」。

31「總有一天、總有一天」，那一天必定會到來

或許大家都聽過這句話：「總是把『總有一天、總有一天』掛在嘴上的人，永遠都不會行動。」**但我可以直言，這句話根本大錯特錯！**

我曾經訪談超過500位成功人士，細細探究他們的人生軌跡，記錄他們每年的成長歷程。結果發現，再傑出的企業家，也都有過總是說著「總有一天、總有一天」，卻遲遲未行動的時期。

一般人在真正付諸行動前，通常會經歷4個階段：

❶第一階段：不言不實行。任何人都經歷過「既不說，也不做」的時期。因為害怕，覺得一旦說出口，就好像非做不可，於是索性連說都不說。

❷第二階段：有言不實行。也就是「嘴上說著夢想或目標，卻遲遲沒有行動」的時期。這種狀態如果持續太久，可能會被身邊的人嘲諷：「光說不做！」。但千萬不要因為害怕他人責備自己「只會說」就閉上嘴。在一次次說出口，卻又發現自己遲遲沒有行動，終有一天，這份焦躁與不甘心會轉化成勇氣，促使你邁出第一步。

❸第三階段：有言實行。終於來到「說出夢想，同時付諸行動」的階段。這時，夢想與目標會逐漸變成現實，不再讓人抗拒行動。

❹第四階段：不言實行。當行動成為理所當然，甚至還來不及開口，就已經動手去做。

所以，就算現在還無法立刻採取行動也沒關係。哪怕只是「嘴上說說」，也請持續談論你的夢想與目標，直到準備好行動的那一天。

我可以斷言——「總有一天、總有一天」，那一天一定會到來！

32 大聲宣告你的目標

如果有「總有一天想做的事情」，那就先從宣告開始吧！

像是想要旅行，就告訴身邊的人你想去哪裡，或是寫在行事曆上，甚至是自言自語說出口。將這個願望寫在顯眼的地方，有助於逐漸確立「想去旅行」的心意與理想的畫面。

若是開始對遲遲無法行動的自己感到厭煩，那就按照之前提到的4階段，持續累積渴望卻無法實現的挫折感。當這股失落感累積到極限，突破臨界點時，就會啟動「豁出去模式」這項人類最強機制。到了那時，就會抱著「不管結果如何，先去試試看」的心態，邁出實際行動的第一步。

我極為尊敬，以不良牧師為人所知的岡田正之（Arthur Hollands），他曾扛著一座重達40公斤的十字架，徒步走遍日本、美國、南美洲、韓國、臺灣等地世界各地，宣傳他的信仰。

如今，他年過70，正在籌劃人生的最後一場集大成的旅程：追溯基督教傳入日本的路徑，從以色列的耶路撒冷出發，花費2年時間，徒步返回日本。

事實上，這個計畫已經提出好幾年了。

前陣子，我詢問本人打算什麼時候開始這趟旅程。

他回答：「我不會事先決定時間。當內心的動力與周遭的環境都準備好時，內心自然會告訴我『好！就在某月啟程吧！』」

所以，你也試著宣告自己的目標吧！而且要不斷地宣告。總有一天、總有一天，當時機成熟，那一天就一定會來臨。

33 與朋友分享想嘗試或喜歡的事

我曾為了一本由某位企業家撰寫的書，決定自己創辦出版社，讓這本書能夠問世。之後，為了將這本書送到那些不會主動走進書店的年輕人手中，我花了3年時間，徒步走遍日本47個都道府縣，以行商的方式販售這本書。**當時，我的手推車上隨時載著300本書，再加上露宿用的帳篷和換洗衣物，總重量超過100公斤。**

每天，我拉著這台推車，行走40～50公里。這是我人生中最艱辛、也最戲劇化的3年。最終，我在街頭賣出1萬3447本書，並收到超過180位曾懷輕生念頭者的感謝訊息。

在這趟推車行商旅途中，我遇見了一位年輕人。他是個暴走族，某天深夜，他與朋友正在集體飆車，途中看見我拉著掛有旗幟的手推車，於是他脫離隊伍，獨自折返。

我們兩個坐在路邊的路緣石上，喝著他剛買來的罐裝咖啡，聊了大約30分鐘。他告訴我，自己一直夢想去世界各地旅行。但他又說，自己讓父母操碎了心，手頭也沒有錢，而且年紀也不小了，要是開口談夢想，肯定會被朋友恥笑。

我問他：「你想去哪個國家？」

「果然還是想去美國看看」他回答。

聽到這個答案，我對他說：「我去過美國喔！」接著，我向他分享自己第一次在美國獨自搭公車時的激動心情。他聽得入迷，眼神閃閃發亮。

這時，我問他：「要不要告訴你一個絕對能去美國的必殺技？」

他回答想知道，我便告訴他：「跟你的朋友說『我想去美國！』先從最親近的朋友開始，等習慣後，再對更多人說，不斷地說，說到自己都認定『這件事非做不可』，這時你自然就會行動。就像我這趟旅程，一開始也只是掛在嘴上，但說著說著，就真的無法回頭了，今天才會與你的相遇。所以只要不斷對別人說出來，就是這麼簡單！」

聽完後，他興奮地大喊：「哇靠！好像真的能去成耶！」接著，他發動機車，在震耳欲聾的引擎聲中，消失在夜色裡。

我想，你心中一定也有想去的地方、想做的事。不妨從現在開始，先告訴朋友吧！

第 4 章

「悅」寓於美好的言語中

34 用「正向的話語」打造出理想的氣場

每個人身上都有一種名為「氣場」的靈氣。相信各位也曾感受到，一些藝人或歌手身上散發出強烈的氣場。有一種說法認為，這種氣場可能是透過毛細孔以蒸氣形式釋放的「汗水」。

暢銷書《水は答えを知っている（水知道答案，暫譯）》（サンマーク出版）的作者江本勝在書中提到，**他透過實驗發現，當人們對著裝滿水的杯子說「謝謝」時，水的結晶在顯微鏡下會呈現出美麗的形狀；反之，若對水說「笨蛋」，結晶的形狀則會變得支離破碎。**

實驗結果顯示，當水接收到正向的話語時，會形成如雪花般漂亮的結晶；若接收到負面的話語，結晶則會變得雜亂無章。

人體內的水分占了體重的60％～70％。既然水的比例如此之高，想必大家都清楚，與其讓自己變成渾濁破碎的結晶，不如讓自身閃閃發光吧？

各位是否遇過一些擁有如模特兒般精緻的五官，但在看到的第一眼就感到莫名不適的人呢？相對的，是不是有些人即使長相稱不上出眾，卻在見面的當下，就讓人覺得「這個人給人的感覺真不錯」呢？

這正是因為，我們其實並非單純看外表，同時也會感受對方散發出的靈氣（即氣場）。這股靈氣究竟來自何處？說它源自於我們體內的水分，而這些水分透過汗水蒸發到空氣中，這樣的推測似乎也不無道理。

你所散發出的氣場，是閃耀著光輝的結晶？還是混亂無序的結晶呢？

這或許取決於你平時所選擇的詞彙。

35 嘗試改變參與的社群

俗話說「物以類聚」、「合則來，不合則去」。試想，在一個充滿正面話語的社群，與一個充滿負面言論的社群之間，哪一個會讓人更幸福？哪一個更容易實現夢想，並獲得周圍的支持呢？

目前研究已證實，人類的細胞會因為所使用的語言而趨於穩定，或變得混亂。**我們的細胞會受到言語的影響，因此，自然會與自己頻率相同的人合得來，最終成為這類群體的一員。**

如果一個人習慣批評或苛求他人，眼中看到的永遠是別人的缺點。這種人即便進入一個充滿正面話語的社群，注意到的也只會是成員的不足之處。

請注意，人在批評他人時所感受到的「喜悅」，其實是虛假的快感。真正的「喜悅」，來自內心因祈願或祝福，而感到清新舒暢的快樂。批評別人或許會帶來短暫的暢快，但愈是批評，內心的隔閡反而會愈深。

建議遠離那些充斥著批評與指責的社群，同時，也要讓自己習慣正向表達，從而能夠自在地融入充滿正能量的群體。為此，從日常生活中，就要刻意培養自己使用正向的詞語。

值得一提的是，我們體內的細胞，大約每3個月就會透過新陳代謝重生一次。即便無法全部改變，只要超過一半的細胞能在2個月內受到正面言語的影響，人生便會產生劇變。也就是說，只要堅持2個月，你的世界將會煥然一新。

36 改善人際關係的魔法話語

我的商場老師川原悠伍先生，從不批評人或說人壞話。即便真的遇到不太妥當的事情，他也不會在背後議論，而是會直接、清楚地與當事人溝通。認識他這幾年來，我從未聽過他在私底下說別人的閒話，這讓我由衷感到佩服。

他是經營領域的專家，尤其在企業重建方面，簡直像是外科權威，能夠精準無誤地完成一場又一場的「手術」。

因此，每天都有許多企業家（學生）前來向他討教。然而，即使這些人沒有按照他的建議行動，導致後來又遇到相同的問題來求助，他也從不責怪對方，而是**迅速掌握現況，一句「那就這麼做吧！」提供從當前狀態達到目標的最佳路徑。**

我將川原先生的思考方式稱為**「導航思考」**。

不論駕駛人無視導航建議多少次，導航系統都不會生氣或放棄，而是一次次重新規劃路線，直到抵達目的地。川原先生的待人方式，正是如此。

「讓人願意再次向你請教」是生意成功的關鍵，如此一來，自然能夠贏得信賴，吸引人脈與財富。

如果像我一樣是個一旦別人沒照指示行動，就開始抱怨「不對！」、「要照我說的做啊！」的導航系統，那別人一定會直接關掉電源，不再上門商量。

當你忍不住想批評時，不妨試著說出「那就這麼做吧！」這句如同魔法般的話語。在說出口的瞬間，視角就能從過去轉向未來，腦中也會自動重新規劃前進的道路。

37 讓壞話與流言蜚語消失的祕訣

雖說如此，想要完全不批評或不說人壞話，仍然不是件容易的事。

事實上，我見過許多成功人士，但能夠完全不談論他人壞話、閒話或流言蜚語的人相當罕見。尤其是在與親近的朋友喝酒聊天時，這類話題通常都非常熱絡，甚至成為聚會的高潮。

然而，**他們最後一定會補上一句：「不過我還是很感謝他」或是「話雖如此，他還是有優點啦」不會讓談話停留在純粹的批評上。**

我並不是在鼓勵大家說他人的壞話或散播流言，但就像先前提到的水結晶實驗，最終的結論才是關鍵。如果不小心說了負面的話，那就更應該試著找到對方的優點，以正面的話語作結，這才是最重要的。

前陣子，我遇到了一位事業極為成功的人，但他喝醉後，卻開始大肆批評某個人。可是就在不久前，他才剛說：「不該在背後說人壞話。」於是，我開玩笑地吐槽：「這樣不就是在說人壞話嗎？」沒想到他卻理直氣壯地回答：「這是事實，不是壞話。」說完還哈哈大笑。

就算是成功人士，也不過如此。

即便偶爾說了不太好聽的話，也不必過於苛責自己，這反而是讓自己保持愉悅的重點。

38 在「發洩筆記本」裡傾訴牢騷與脆弱

到目前為止已經談論了許多關於「最好不要批評他人或說人壞話」的話題，即便如此，還是會經常遇到讓人忍不住想吐槽的情況。要打造愉悅的人生，**最好擁有一個能夠放心抒發情緒的「專屬空間」**。

直接向他人傾訴不滿，這些話很可能會演變成流言蜚語，甚至在流傳的過程中被添油加醋，最終傳到當事人耳裡，讓自己陷入尷尬或麻煩之中。

因此，建立專屬於自己的發洩管道相當重要，例如：開設不為人知的社群帳號、寫一篇僅自己可見的部落格文章，或是在筆記本上隨意塗寫，透過這些方式來釋放壓力（當然，千萬別被任何人發現）。

這個做法源自於著名畫家李奧納多・達文西。

他不僅是世紀天才，也是出了名的「筆記狂」，他所留下的手稿裡記錄了無數的創意與構想。然而，**這些筆記中不僅寫滿靈感，還有各種牢騷與抱怨。**各位若有興趣，不妨看看岩波文庫出版的《レオナルド・ダ・ヴィンチの手記（李奧納多・達文西的手記，暫譯）（上下冊）》，裡面記載了不少有趣的內容。

我個人推測，這位天才正是透過筆記來抒發負面情緒，避免累積壓力。**不是「死亡筆記本（Death Note）」，而是「發洩筆記本（Diss Note）」**，要說這是一項偉大的發明也不為過。請大家務必試試看這個方法。

題外話，達文西的手記中還寫著「那傢伙是在開玩笑嗎！」、「他把我當成什麼？」、「不過有錢了一點，擺什麼架子！」等，字裡行間滿是憤怒與不滿。不過，當時的人對達文西的評價卻是：身材高挑、英俊挺拔、待人紳士有禮。

由此可見，天才畢竟也是人，和我們一樣，有著光明面與陰暗面。這樣一想，還真讓人覺得親切呢！

第 5 章

成為自己的英雄

39 從他人的優點中發掘自己的長處

你擅長發掘他人的優點嗎？

無論是誰，身上總會有1、2個讓人驚嘆的優點。

過去，我曾採訪超過500人，聆聽他們講述自己的人生。然而，在這些人當中，沒有完全平凡、毫無特色的人。每個人都獨一無二，擁有值得讚嘆的強項與才能。

這些優點可能只是一些微小的細節，例如，「仔細一看，他的五官深邃立體，輪廓分明呢」、「他的聲音真好聽」、「服裝配色很有品味」、「總是把鞋子擦得光亮如新」等。當我們習慣發掘他人身上細微的美好，也會意外地發現自身未曾注意到的長處。

這種現象在心理學上稱為「彩色浴效果（Color Bath）」

以下稍微說明一下這一現象。

現在，請各位閉上眼睛，在腦海中想像「紅色」。當滿腦子都是紅色後睜開眼，短短1秒內，紅色、粉紅色、橘色等暖色系的物品會瞬間映入眼簾。接著，再次閉上眼睛，這次想像「藍色」，睜開眼後，你會發現藍色、淺藍、綠色等冷色系的物品變得格外醒目，這就是「彩色浴效果」。

同樣的道理，當你有意識地尋找別人的長處時，彩色浴效果也會讓你更容易發現自身的優點。

我經營的社群中曾有一位女性，她總是精準地指出別人的缺點，的確觀察力敏銳，評價也十分準確，但也因此總是孤單一人，缺乏自信。而另一位女性，則是能夠在任何情況下發現他人的優點，真心讚美對方，並露出親切的笑容與人交流。這位女性的才華逐漸綻放，愈來愈有自信，身邊圍繞的人也總是笑容滿面。

其實，這兩個人是同一個人。

她透過「彩色浴效果」改變了自己的思考方式，使自己的人生發生了180度的轉變。

各位不妨也試著在身邊的人身上尋找優點吧！當你這麼做時，一定也能發現自己的長處。

40 認可他人是「厲害的人」

在最短的時間內打造出愉悅人生的有效方法之一，就是讓「厲害的人」圍繞在自己身邊。

雖說如此，若是直接加入一個充斥著優秀人士的社群，可能會因為差距過大，讓自己備感壓力、侷促不安，甚至產生自卑感。

因此，我要分享一個在各位目前的環境中都能夠立刻實踐的方法。

仔細觀察周圍，你會發現身邊的人其實都擁有自己沒有的才能。例如，「她這個能力好厲害」、「他有如此溫柔體貼的一面」、「主管的口才真是了得」等。請試著發掘每個人獨一無二的優點。連續觀察3天後，你會驚訝地發現，自己身邊的人全都很了不起！

當你開始認為周圍的人都很厲害時，先前提到的「彩色浴效果」也會發揮作用，使大腦產生錯覺，認為身為這個社群的一員，自己也是「厲害的人」。

如此一來，自我肯定感自然會隨之提升！

人很難直接看清自己的全貌，畢竟，眼睛是看除了自己以外的人事物，因此要仔細觀察視覺捕捉到的範圍，認可他人的優秀，這樣一來，你的自我肯定感一定也會大幅提升！

相反地，如果只關注他人的缺點，那你的自我肯定感便會隨之下降，請務必要多加留意！

41 扮演自己心目中的英雄

在將自家出版社的書籍堆放在手推車上，走遍日本各地行商的旅程結束後，我陷入職業倦怠的心理狀態。獨自在新瀉休養的那段時間，我開始深入思考本書的主題——「悅」。

我在筆記本上寫下自己從小到大感到喜悅的事物時，腦海中浮現的出成龍與電影《洛基》這些我心目中的英雄。

這些英雄的故事都有個共同點，即主角一開始很弱，經過修行後變得強大，是典型的成功故事。

其中，最讓我感到親切的是成龍的電影。劇情相當經典：主角最初只是嘴上功夫了得，卻不擅長打架，總是逃跑、偷懶，還會感到懊惱氣餒。但某天，他的師父在與宿敵打鬥的過程中喪命。於是，主角下定決心，全力投入修行，拼命鍛鍊師父傳授的武功，最後成功打敗宿敵，完成復仇。

每當看完這類電影，我都會模仿劇情，將枕頭當作大石頭放在背上做伏地挺身，或是拉單槓進行引體向上訓練，直到最後戰勝「宿敵」——那顆枕頭，才心滿意足地入睡。對我來說，這段時光無疑是「悅」的時間。

無論是學生時代，曾瘋狂沉迷打籃球，不畏艱苦地練習，還是後來拉著重達100公斤的手推車，每天花10小時，步行40公里，卻**從未覺得自己是在努力，而是沉浸在「沒人能模仿的修行，唯獨我能做到！」的喜悅中。**

因為職業倦怠在新瀉療養時，我察覺到這點。於是，我決定再度回到東京，追尋孩提時期的夢想之一「成為踢拳擊世界冠軍」。

關於這段後續如電影般發展的經歷，我將會在「後記」中詳述。總之，**我能從人生中最嚴重的低潮中東山再起，全都多虧了我心中的英雄們。**

你的英雄或女英雄是誰呢？他們身上吸引你的特質是什麼呢？現在，就讓我們開始扮演屬於自己的英雄人生吧！

42 百分之百相信「當下的自己」

許多成功者即使做出決定，但只要覺得「不對勁」，便會立刻推翻原本的計畫，甚至連已經約定好的事情，也可能說變就變。要說這是「隨機應變」也沒錯，但若是身處於被這些善變決策牽著走的一方，恐怕只會覺得苦不堪言。

在許多國家的電影中，經常將「富豪」或「成功者」塑造成反派角色。也許。愈是幸福的成功者，反而愈容易惹人厭。

他們的立場決定了他們的生活充滿了各種決策。有句成語叫「朝令夕改」，但對他們而言，資訊每分每秒都在不斷更新，到了晚上，所掌握的資訊量早已遠超過白天。

如果發現早上的決定有誤，他們會立即止損，將損失降到最低。能夠迅速做出「開始」

與「結束」的判斷，正是優秀企業家的關鍵特質。

開始得太慢，就會錯失機會；結束得太慢，則會造成巨額損失。因此，他們根本沒時間對每個決策產生罪惡感。

這也是為何那些表面上看似毫不顧及他人感受的企業家，無論旁人怎麼說，往往更容易成功的原因。

相信各位一定是善良的人。即便偶爾不顧周圍的意見行動，也不可能像那些成功者一樣，給他人造成極大的困擾。

別被過去說出口的話束縛！請毫無保留地相信「現在」的自己，牢牢掌握人生的方向盤，每分每秒都為自己做出最好的選擇吧！

43 比起不作為的善，採取行動的偽善更好！

你是否曾經在捷運或公車上，想讓座卻猶豫不決？擔心別人覺得自己假好心，或者害怕對方拒絕，場面變得尷尬？確實，即使有讓座的想法，真正付諸行動仍需要勇氣。

然而，既然內心已經產生了「想讓座」的念頭，卻仍選擇坐著不動，恐怕只會讓自己感到不愉快。

如果覺得應該讓座，那就簡單地向對方說一句：「請坐。」

至於對方是否接受，這並不是你能夠掌控的事情。

你無需在意結果，也不必害怕旁人的眼光，重要的是，你忠於內心的善意，並且勇敢地付諸行動。這樣的自己，值得欣賞與肯定。

即便對方拒絕，你也已經實踐了理想中的自己，這本身就是一種喜悅。如果能在心裡感謝對方：「謝謝你讓我有機會展現善意，滿足我自己的內心」，那你的幸福感將會進一步提升。

以熱衷公益而聞名的演員杉良太郎，曾被媒體批評「偽善」。當時，他毫不猶豫地回應：「比起什麼都不做的『善』，採取行動的『偽善』更值得肯定。」

明明認為做志工是件好事，卻因為在意旁人的想法而遲遲不去做，面對這樣的自己，真的會快樂嗎？

無論他人說什麼，都能夠理直氣壯地挺起胸膛，坦然回答：「你說的沒錯，但那又怎樣？」這樣的人生，才值得追求。

若因為外界的評價而改變自己的行動準則，只要聽到一點批評或諷刺，就會感到心灰意冷，失去前進的動力。

第 6 章

以超越「自我中心主義」的目標前進

44 無法利用常見的「成功法則」獲得成功的陷阱

許多成功法則都提倡在某種程度上進行自我犧牲。

例如，各位可能聽過下列的話：

・為他人行動
・不忘感謝
・支持他人
・在得到之前先給予
・不說謊
・不推卸責任

這些行為準則彷彿在告訴我們「請保持清正廉潔」。當我們做不到時，就會產生自我厭惡的情緒。即便努力維持這些原則，短暫的心靈富足也會被現實中的時間、精力和金錢消耗殆盡，難以得到回報。如果長期處於這樣的狀態，終有一天會讓自己比任何人都還要痛苦。

若依照自我成長書籍中所說的「美好成功法則」行事，卻忽略了「自己」，就會出現問題。

行動的出發點是以自己為中心，還是直接面向外界的人，兩者最終的結果可能相同，但帶來的充實感和滿足感卻會有很大的差異。

無論你要採取什麼樣的行動，都應該以「自己」為目的，並在這個基礎上，想像這個行動將如何影響他人。

45 進階版「超・自我中心主義」

如果要用一句話來總結擁有愉悅人生的祕訣，那就是「超・自我中心主義」。

這並非單純的以自我為中心，而是超越自我，「主動為了自己，讓他人幸福」。與捨棄自己、以自我犧牲的精神為他人付出完全相反。

「超・自我中心主義」的核心在於，將所有事物都視為「為自己而做」。包括為他人採取行動，也是為了自己。所有行動的出發點，應該是「自己想做」，而非「為了對方而做」。

「偽」這個字由「人」與「為」構成。若總是忽略自己，抱持著「這是為了別人，那也是為了別人」的心態生活，自己將會從人生的核心中消失，最終成為「偽裝的自己」。如此一來，根本無法感到愉悅。

如果在行動時產生「我是為對方做的」這種心態，就算必須違背原先的約定，也請不

要遲疑，直接退回到自己內心能夠認同的範圍內。

這個理論乍看下或許有點荒謬，但在意識到「超・自我中心主義」後，就不會再對自己的行動抱有「我為你做了這些，你應該有所回報」的期待。

即便自認為對方做了一件好事，對方卻沒有表達感謝，也不會放在心上。

假若對方覺得這是多此一舉，也不會因此感到憤怒，而是會反省「自己誤會對方的需求」，並試著改進。**將自己的行動結果歸咎於他人，才是本末倒置。**

德蕾莎修女並非犧牲自己來幫助眼前的人，而是以「想要忠於上帝旨意」這一「自身的願望」為核心，對有緣人伸出援手。這一點絕對不能忽視。

在觀察許多幸福的成功人士後會發現，沒有任何一個人，在偏離此核心的情況下，仍能獲得幸福。

當內心產生「我是為對方做這件事」的想法時，請試著問問自己「這到底是為了誰？」。

46 始終堅持「以自己為優先」

「超・自我中心主義」帶來的好處多不勝枚舉。

其中最具代表性的優點包括「壓力減少」、「降低對他人的期待」、「更容易獲得他人的支持」等。每天都能感受到幸福，覺得生活充滿樂趣的時刻將會大幅增加。

「同樣是GIVER（給予者），對自身利益的關注程度，會影響個人的滿足感。」

這句話出自美國心理學家，同時也是賓夕法尼亞大學華頓商學院的組織心理學家——亞當・格蘭特（Adam Grant）。這句話正好印證了「超・自我中心主義」的價值與可貴之處。

在打算「給予」時，關鍵在於這個行為是否先出於「為了自己」，再來才是「為了他人」。這之間的差異，決定了給予會帶來滿足，還是最終落得一場空。因此，必須將「為了自己」放在第一位。

世上所有的成功法則，只要從「超・自我中心主義」的角度來思考，將會變得條理分明、符合邏輯。反過來說，唯有實踐「超・自我中心主義」，才能毫無壓力地落實這些成功法則。

即便遇到讓人懷疑「這樣真的沒問題嗎？」的成功法則，只要套用「超・自我中心主義」來思考，就能夠讓一切變得合理，使人毫不猶豫地付出。

如果對於「計較利害得失」這件事感到不自在，不妨以「這件事是否讓自己感到愉悅？」作為判斷標準。

能夠感到愉悅，就代表可以去做（GO）；反之，無法感到愉悅，就表示應該拒絕（NO）。

一旦能夠牢牢掌握這個判斷標準，生活將會輕鬆自在許多。

47 學會時常「吃點小虧」

俗話說「吃虧就是占便宜（損して得取れ）」，但近年來，日本人經常將這句話改成「損して『徳』取れ」，彷彿「得」這個詞成了一種忌諱。

然而，許多幸福的成功者，如同剛才提到的亞當・格蘭特博士所說的，都會仔細考慮「自身利益」，也就是「得」。

對企業家而言，最重要的目標是為公司創造利益，透過本業回饋股東、員工，乃至顧客。因此，不考慮損益的經營，無異於愚蠢的行為。

但如果只顧自己的利益，對方自然不會輕易讓你得逞。畢竟，誰都不想吃虧，每個人都希望自己能夠獲益。

正因如此，那些幸福且滿足的成功人士，會願意讓對方多占一點便宜。

然而，必須謹記的是，並不是毫無節制地給予「100：0」，而是以「55：45」或是「6：4」的比例，讓對方稍微占點便宜。

如此一來，對方下次也會願意與你談生意。

那些只考慮自身利益的人，往往讓人心生厭煩。久而久之，可能還沒開口說明，就會被對方直接拒絕。

但如果總是帶著能讓對方獲利的提案，不管幾次，對方都會樂於與你交談。

這種信任關係累積到一定程度後，甚至還沒開口，對方便已經準備答應。如此不僅節省了談判時間，也能順利推進多場交涉。儘管一開始稍微讓步，最終卻能獲得更大的利益。

「戰略」這個詞的本意是「省略戰爭」。既能避免樹敵，又能減少談判的時間與精力——這麼一來，「吃虧就是占便宜」這一戰略的意義，也就不言而喻了。

只要習慣提出「讓對方占一點便宜」的提案，就能營造一個讓自己感到愉悅的環境，並加速發展自身的幸福人生。

48 成為「倒香檳的人」

各位知道香檳塔嗎？

將香檳杯堆疊成金字塔的形狀，從最上方的酒杯開始倒入香檳，溢出的香檳便會層層向下流入下方的酒杯，最終灌滿整座香檳塔。

有一個人生的教誨，便是以此來比喻：先填滿最上層的酒杯（自己），再將溢出的部分分享給身邊的人。

各位不覺得這個說法，與許多成功人士所提倡的「先付出」相悖嗎？

究竟哪一種才是真正的「幸福法則」呢？

其實，這兩種說法看似相反，卻都是真理。香檳塔的比喻，只是從其中一個角度，以簡單易懂的例子來闡述事實罷了。

我常以香檳塔為例，告訴他人要成為「倒香檳的人」，而非把最上層的酒杯視為自己。在婚禮上倒香檳的，正是新郎與新娘。他們不都是一邊倒香檳，一邊散發幸福光輝嗎？

與其坐在塔頂等待幸福降臨，不如親手倒香檳，成為帶來喜悅的一方。

這時，你所倒出的香檳，正是內心的「悅」。當你愈是分享讓自己感到愉悅的事物，內心的幸福感也將隨之增長。

以我自己為例，透過與眾多成功人士的交流，我發掘了一些成功的法則。將這些發現以簡單易懂的方式傳遞出去，正是我擁有的「香檳」，也就是我的「悅」。

當我分享自己的發現時，整個人會神采奕奕，充滿喜悅。在這個過程中，我的魅力得到了最大程度的展現，愈來愈多人願意聆聽我說的話，進而讓我更加閃耀。

我對願意聽我研究成果的人心懷感激。許多人說：「田中先生是一個無償奉獻的人。」但事實上，並不是我無私地付出，而是你們願意接受我的「悅」，讓我能夠生機勃勃、閃閃發光，我才要向你們說聲感謝。

當一個人沉浸於喜悅中，其魅力將會耀眼無比。

請不要有所保留，盡情地與大家分享你的「悅」吧！

49 了解「給予者終將被賦予」的真正含義

「給予者終將被賦予」，這是自古以來在世界各地流傳的基本法則。

如前文所述，我曾拉著手推車四處兜售一本書。然而，這趟旅程並非從一開始就一帆風順。我從東京出發，沿著東海道各地擺攤做生意，直到抵達名古屋，這1個半月，我**僅賣出9本**。

在名古屋，我已經受挫到快撐不下去。這時，透過一位熟人的介紹，我有機會與之前提到的「不良牧師」岡田正之通電話。

短短幾分鐘的談話，卻讓我之後的書籍銷售狀況，甚至整個人生，都發生了巨大的轉變。

「人只會與有緣的人相遇。既然得以相逢，就不要只想著賣書，而是要分享你的經歷，

幫助對方。」

牧師的建議，讓我深受啟發。從那一天起，我開始認真傾聽每一位有緣人的煩惱，並運用自己所有的經驗與知識，竭盡所能幫助他們解決問題。**結果……書本的銷售量開始大幅上升，10個月後，我已經在街頭賣了超過1萬本書。**

每位購買書籍的人都會對我說：「謝謝你願意聽我說話。」我則會回答：「我才要謝謝你願意與我分享。」這絕對是我的真心話。

「給予者終將被賦予」並不是指你所給予的東西會像迴力鏢一樣回報給自己，也不是說你會因為付出而獲得回禮。

這條法則的真正含義，不在於期待結果，而是珍惜當下彼此已經擁有的幸福。

為了讓孩子能透過親身體驗，理解這個道理，我設計了一款遊戲，名為「コミュニケーションカードゲームGIFT（溝通卡牌遊戲GIFT）」。這款遊戲迅速在全日本吸引了超過4千位的愛好者，甚至傳播到海外，在瑞士與荷蘭也掀起一股熱潮，歡迎大家親自體驗看看。

50 人的價值取決於「我們的範疇」

在我聽過的無數場演講中，日本前國家足球隊總教練岡田武史的演講，絕對能排進前三名。那份震撼與感動，至今仍鮮明地留存在我的記憶中。

當年，他接下日本國家隊總教練一職，率隊征戰世界盃。即便飽受輿論撻伐，他依舊堅守信念，最終交出亮眼成績。他究竟是如何做到的呢？

他說：「一個人的價值，取決於他的『We Area（我們的範疇）』。」

每個人最初都是從「Ｍｅ（我）」開始。然而，當我們遇見願意用自己的生命去守護的伴侶時，「Ｍｅ」便會轉變為「Ｗｅ（我們）」。結婚生子後，「Ｗｅ」進一步發展成３個人。當這種發自內心，能夠坦然說出「我們」的命運共同體「We Area」，從家庭延伸至朋友、地區、行業，最終涵蓋整個「日本」，這就是一個人的價值所在。

然而，「We Area」的範圍大小，並非衡量偉大的標準。岡田教練指出，無論「We Area」僅止於四口之家，還是如德蕾莎修女般影響全世界，只要其中蘊含的愛擁有相同的重量，這份價值便同樣珍貴且偉大。

岡田教練率領的日本國家隊，在選手選拔上引發極大爭議。據說，他選擇球員的標準，就是「We Area」已擴展至全日本，並且能抱著真正的愛國心奮鬥的選手。

當球隊遠征法國，備戰比賽的某一天，岡田教練在日本的住家遭到歹徒襲擊，還被人投石頭，甚至驚動了警察機動部隊。據說他從媒體得知此事後，急忙聯繫家人。沒想到，電話那頭還是國中生的女兒在電話中對他說：

「爸爸，我們最清楚你這一路的努力。所以現在，請專心迎戰！」

這正是岡田教練「We Area」理念的最佳證明，不僅是一句口號或理論，而是貫徹於他的家庭之中。

岡田教練著眼於日本足球未來，果斷地進行世代交替。4年後，在日韓世界盃上，日本國家隊成功打進「16強」，締造歷史性成就，為日本足球的飛躍奠定了基石。

就如同拓展「We Area」般，讓我們一起尋找上天賦予你的「喜悅」吧。

51 「真正想做的事情」是什麼？

過去，一位得過中國武術世界冠軍的老師問我一個問題：

「田中，你真正想做的是什麼？」

當時，我已經決定要拉著手推車環遊日本，不久後就要啟程。我以為老師只是單純想知道我的旅行動機，於是回答：「根據統計資料，日本的自殺率居高不下。我希望透過這本書，拯救那些想要自殺的人。」

然而，老師再次問道：「所以，田中，你真正想做的是什麼？」

我心想：「老師，我剛才不是已經說了嗎？」

這次，我換了一個方式，開始講述自己之所以想拯救自殺者的親身經歷。

不過，在我說完後，老師卻說：

「我的問題是——『你真正想做的是什麼？』可是從剛才的回答來看，你一直在說，因為社會上的自殺人數居高不下、因為自己過去曾經想自殺……但你有沒有發現，這些都不是現在的你『真正想做的事』。

過去的你曾經想過自殺，但那已經是過去的事了。

假設現在這個世界上找不到任何一位自殺者，社會一片和平。在這樣的情境下，你想做什麼呢？不依賴過去的自己，也不以社會的不幸作為動機，而是現在這一刻，獨自站在這裡的田中克成，你真正想做的事情是什麼？」

我花了7年才找到這個問題的答案。

我真正想做的事是**「與更多的夥伴們一起，盡情享受人生。為此，我想在人生這個大型舞臺上，持續探究自己這個『器皿』究竟能拓展到多大極限」**。

接下來，換我問各位——你真正想做的事情是什麼呢？

第 7 章

成為「值得支持的人」

52 留意「搞錯」的喜悅

「喜悅」的定義因人而異。

先前在討論「超・自我中心主義」時曾提到，一切必須先從「為自己而做」這個階段開始，以此為基礎，如果想讓身邊的人也感受到喜悅，就必須仔細觀察對方，了解對方在什麼情況下會感到喜悅。

這時容易掉入的陷阱是——「這件事讓我很開心，我以為你也會開心」。

此外，「我都為你做了，你竟然連一句感謝都沒有？」的心態，也是自己一廂情願「搞錯的喜悅」。這不過是自己想做，並不一定符合對方的需求，該道歉表示「不好意思，是我觀察得不夠仔細」的反而是自己才對。

如先前所述，「超・自我中心主義」的核心並不是「為了對方」去做某件事，而是「自己想做」。**即便如此，仍必須了解一點：你的「喜悅」，並不一定是對方的「喜悅」。**

請先將自己的價值觀放在一旁，好好觀察對方。

你身邊的那個人，他的「喜悅」是什麼呢？

53 掌握真正正向思考的「#不評價」

在先前提到的推車旅行中，有一次在我說完：「跨過這個山頂，就到了今天的最後一站！」這句話後沒多久，突然下起大暴雨，連前方5公尺處都無法看清。剛好旁邊有個加油站，我跑去躲雨的同時，開始思考「這時下雨」的意義。

在我想到「多虧這場雨讓我駐足，等過了這個山頂後，可能會遇到需要這本書的人」時，心中不禁感到興奮。

然而，愈是對未來的相遇充滿期待，內心就愈是不安，擔心「如果沒有遇到任何人，那這場雨的意義到底是什麼呢？」。

正向思考大多建立於負面思考的基礎上，為了逃避不愉快的心情，人會試圖強迫自己以正向的角度去解釋當下的狀況。我當時對這場雨的想法是：「我討厭下雨，這場雨來得真不是時候」，我努力想從這種不愉快的感覺中脫離，強行轉為正向思考。

於是，我決定「既不正向解釋，也不負面思考」，只是靜靜地觀察湧上心頭的不悅情緒，並默默地對自己說「不評價」，阻止自己將這些想法歸類在正面或負面。於是，我領悟到了一個極度現實的真理。

「上天不會為了妨礙我，或讓我遇見某個人，在這麼大的範圍內降雨。」

事實當然是如此。**會認為雨是為自己而下，本身就過於自負。當我察覺到這一點後，才發現自己有多麼幸運，身邊剛好有能夠躲雨的地方，免於被淋成落湯雞的命運。**

在意識到這場雨「只是單純地存在」，沒有其他意義時，心中一陣感激，「我真幸運」、「真是感謝」等想法隨之而來。

我發表了這次的經歷，並加上「#不評價」的主題標籤，邀請大家分享他們的經驗。結果，許多人產生共鳴，並開始實踐這種思考方式。「內心輕鬆許多」、「比較不會感到恐懼和不安」等回應紛至沓來。

請大家也嘗試看看「不評價」，並在社群媒體上使用「#不評價」的主題標籤分享自身的經歷，也許你會因此樂在其中也說不定。

54 默默享受屬於自己的喜悅

找到讓自己快樂的事物時，希望他人產生共鳴是人之常情。

各位是否也有過這樣的經驗？在Facebook或Instagram上分享自己的愉快經歷，有許多人按「讚」時，會感到高興；如果按「讚」數不多，則會感到失落。

發現能讓自己快樂的事物時，的確會希望他人也能感同身受，我可以理解這種心情。

然而，**「喜悅」的本質是「沉默」。一個人靜靜地微笑，悄悄地品味幸福，才是理想的狀態。**

之所以會主動在Facebook或Instagram分享，或許是因為渴望他人的認可。

「上傳文章＝想要得到共鳴」的心態，其實相當常見。但**好不容易發現了屬於自己的快**

樂，情緒卻依然會受到社群媒體上的反應所影響，完全就是本末倒置。

我經常把「Keep The Sanctuary（守護聖域）」掛在嘴邊。意思是，在找到自己的快樂時，請自己一個人悄悄地、默默地享受。

55 不向自己或他人追究責任

我高中時是籃球隊的隊長，我們學校是該縣的籃球強校，因此隊上的紀律相當嚴格。如果有人敢用腳踢球，就會受到拳頭的制裁。這就好比用腳踢從神社買的御守一樣，是不可饒恕的行為。

在我們的觀念裡，「用腳踢球」可惡程度跟犯罪無異。

然而，有一天，我像往常一樣來到體育館，卻看到隊友們在球場上用腳踢球玩！簡直大逆不道！

於是，我怒氣沖沖地指責隊友，結果他們卻一臉茫然，不知道我為何要生氣。

「怎麼連這麼基本的規矩都不懂？沒想到你們是這種人！」

這其實是我編的虛構故事。現在，請將視角從當年在操場「大發脾氣的我」移開，以旁觀者的角度來看這起事件。

如果隊友當時踢的根本不是籃球，而是足球呢？那完全沒有問題對吧？

換句話說，「踢球」這個行為本身並無對錯。**既然沒有人做錯事，也就無需急著去追究責任，不論是責怪自己還是對方。**

當你想將錯誤歸咎在他人身上時，請養成「退一步，從旁觀者角度看待」的習慣。

作為自己人生的負責人，不是選擇朋友一起享受足球的樂趣，就是離開球場，加入正在打籃球的新朋友。

56 養成「雙手合十」的習慣

藏傳佛教第14世達賴喇嘛過去訪日時，我曾有機會與該次訪日活動音樂製作負責人共事。在與她的談話中，我聽到了一個關於雙手合十習慣的趣聞。

「世界各國的人在祈禱時，都會雙手合十對吧？

其實，早在人類開始使用網際網路的幾千年前，各國就已經有合掌的習慣。

古人對『看不見的事物』更為敏感，他們知道，體內的能量（氣）會從右手掌釋放，從左手掌吸收。因此，當雙手合十時，體內的能量會形成循環。

不過，如今有愈來愈多家庭不再供奉佛壇或神龕，甚至連吃飯前後說『いただきます（我開動了）』與『ごちそうさま（多謝款待）』時，都不再合掌。於是，孩子們漸漸不知道

『合掌』這個動作。即使知道，若父母不做，他們也只會覺得這是一種非日常的行為。

換句話說，當國民不再讓體內的能量循環，社會便會開始出現變化，例如：情緒容易失控的孩子增加、成年人的精神狀態也愈發不穩定。日本是唯一一個失去這個習慣的國家，我認為這正是，日本的自殺人數居高不下，名聲不好的原因。」

這番話深深觸動了我的內心，從那之後，我開始在家裡的神龕前，或是吃飯時，**確實地雙手合十，想像體內能量正在循環。**

說不定只是心理作用，但每當我在做這個動作時，內心都會莫名感到平靜，內心深處還湧現出一股暖流和幸福感。

各位請務必也嘗試看看。

57 清理生命管道，獲得祖先的祝福

為了讓孩子們看到我合掌的樣子，每天在用餐前，我都會花一段時間進行合掌儀式。

在這段時間裡，我會回想今天遇見的人、此刻正在面前的人，以及未來即將見面的人，逐一想像他們的模樣，在心中與他們交流，傳達我的感謝之意。

接著，我會向父母及所有祖先表達感謝，感謝他們將生命延續至今。從父母、祖父母、曾祖父母一路回溯至9代前的祖先，如此我的感謝便能傳遞給超過千名祖先。

然而，如果這條作為傳遞路徑的「生命管道」某處發生阻塞，這份感謝便無法順利傳達出去。

因此，我每天都會持續傳遞感謝，讓這條管道保持「暢通」。有時，將阻塞的汙垢清除掉後，這些汙垢可能會轉化成一些「不太愉快的事情」呈現在我們的生活中。例如，小傷口、機械故障，或工作上的小麻煩。

但事實上，這些「不好的事」正是「生命管道」正在清理的證據。當阻塞暢通後，感謝的心意便能順利傳遞給更遙遠的祖先。

就這樣，我每天懷抱著這樣的想法，持續傳達感謝，清理「生命管道」，沒想到，生活中開始接連發生許多幸運的事。尤其是在阻塞完全清除後，總會迎來重大的機會，彷彿證明了「清理生命管道」確實有效。

畢竟，對祖先來說，在千千萬萬的子孫當中，每天先傳遞2次甚至3次感謝的人或許只有我。祖先可能會想：「這個子孫每天都心懷感激地記得我們，那就幫他一把吧！」於是，千名祖先一起以各種形式送來遠超出我實力的支持，有時是奇蹟般的偶然，有時是意想不到的良緣。

你遇到好人、在關鍵時刻恰巧身處合適的位置，或在危機時刻僥倖得救，說不定都是祖先合力幫助你的證明。遇到這些情況時，更應該懷抱感謝之心。

58 前往聖域

某天晚上10點多，與朋友喝完酒回家時，我們經過新宿的花園神社，發現裡面擠滿了年輕人。當時正在舉辦「酉之市」，攤販林立，氣氛熱鬧，充滿活力。

我想著，既然都路過了，就順道參拜。當我們朝本殿走去時，驚訝地發現整條參拜隊伍幾乎都是新宿的年輕人。我們在隊伍最後方，排了大約20分鐘，才終於快輪到我們。

這時，我看到幾位看起來頗為愛玩的年輕人，在神明面前低頭合掌祈禱。這一幕讓我強烈感受到，日本有許多人並不熱衷於宗教，信仰卻依舊存在。

曾經有一位女性教練，在人生面臨重大關卡時，前來向我尋求建議。

她總是將他人的不幸視為己任，導致自己背負過多壓力與痛苦。為了幫助她改變這種思考方式，就如同到目前為止分享給各位的，我也告訴她「悅」的意義與重要性，並建議她每天前往離家最近的神社表達感謝，持續百天。

從那天開始，她每天早上都會前往神社，雙手合十，傳達感謝。隨著日子一天天過去，她的心境愈來愈穩定，不再因他人的不幸而折磨自己。她重拾原有的光芒後，甚至再次成為一位備受尊敬的明星教練。

當她即將迎來第100天的時候，我們在電話中聊起她經常去的神社。結果一問之下才知道，原來她每天去的地方不是神社，而是一座寺廟。

但這並不影響結果，無論是神社、寺廟還是教堂，重要的並不是地點，而是「親自前往聖地，懷著敬意低頭合掌祈禱」這個行為本身。

無論是神社、佛寺還是教堂，雙手合十參拜，都能讓心境變得清明舒暢。一開始，可以先從1個月去1次開始，等到習慣後，改成1週1次。直到從中感到喜悅後，再挑戰連續100天參拜。

並不是依賴神明，而是去做讓自己感到快樂的事情。這就是讓我們能夠清爽度過每一天的「喜悅習慣」。

第 8 章

「金錢」「工作」與「喜悅」的關係

59　花錢要有目的

真正的有錢人，不會為了面子請客。例如，有些人在面對比自己年輕的人時，不想對方覺得「竟然還要平分費用？」而選擇請客。但這種花錢方式並不會讓人成為有錢人。**關鍵在於，要謹慎用錢。**

我的恩師剛起步時，曾擔任某大型金融公司老闆的祕書。

某次，這位老闆外出談生意，抵達目的地時距離約定時間還有30分鐘，他剛好覺得有點餓，決定隨便吃碗拉麵墊墊肚子。當時，附近就有一家拉麵店，價格是650日圓。但他卻說：「這邊的拉麵貴了50日圓。」並選擇了距離4間店面遠的另一家拉麵店。

就連身價上千億日圓的富豪，在只是想吃碗拉麵填飽肚子的時候，即便只差50日圓，依然會選擇更便宜的選項。

另外，某次我與一位資產數百億日圓的企業家，以及幾位同行一起去吃午餐。我點了一份套餐，並在餐後加點了套餐內的咖啡。

那位企業家詢問店員：「請問套餐內的飲料有含南非國寶茶嗎？」

店員回答：「沒有，但可以單點，價格是480日圓。」

聽完後，他只是點了一杯普通的冰紅茶。

我疑惑地問道：「為什麼不點自己想喝的飲料呢？480日圓也不算貴吧？」

結果，他一臉嚴肅地回答：

「我今天的目的是與你們一邊共進午餐一邊交流。如果我是因為這家店的國寶茶很有名，特地來品嚐，不要說480日圓了，就算是1500日圓，甚至3000日圓，我都會點來喝。但今天不是為了喝國寶茶，那就沒有必要花這筆錢。今天的課題就是這個，花錢時要有目標，如果不懂得帶著目標花錢，金錢可是會討厭你的喔。」

當然，我至今偶爾還是會忘記這個道理，不小心因情緒而衝動消費。但如果想讓金錢也「喜歡」自己，過上愉悅的生活，就應該養成習慣，有目的性的使用金錢。請大家務必實踐看看。

60 金錢是放大「當下情緒」的工具

我曾經在訪問一位傳奇成功人士時，詢問對方：「金錢究竟是什麼？」

他的回答是：「金錢是一種能夠**放大當下情緒的裝置。**」

我追問：「這是什麼意思？」

他解釋：

「金錢啊，會使當下的情緒更加強烈。

舉例來說，假設是因為害怕沒錢而努力奮鬥，最終成為有錢人。那金錢只會讓這種『害怕沒錢』的恐懼加倍擴大，變得更為強烈。

如果是帶著『我要報復！』的心態賺錢，即便成為有錢人，內心也會被這種報復心驅使，變得更加扭曲，想報復的念頭將會放大數十、數百倍。

若是為了超越某個人，想證明自己會比對方更有錢而拚命賺錢，就算成為有錢人，仍然會不斷地將自己與更富有的人比較。結果，內心會充斥著『我比他人還要差勁』的焦慮，於是只能像不停奔跑的馬一樣，日夜拚命工作，永遠沒有停下的那天。

但如果是本來就很快樂的人成為有錢人，你覺得會發生什麼事呢？現在就已經快樂得不得了，當金錢放大這種快樂，快樂的感受將會變成數百倍，不覺得很棒嗎？

再想想，假如有一個人懷抱感恩之心，心裡總是想著：『我好幸運，身邊的人都對我施以恩惠，真的很感激他們。』，這樣的人成為有錢人後，你能想像他的未來會有多幸福嗎？

所以，在成為有錢人之前，我們應該意識到：『現在的自己，已經夠幸福了。』若是沒有這樣的認知，就成為有錢人，明明本來的目標是想獲得幸福，結果卻過上與『幸福』背道而馳的人生。話說回來，你現在幸福嗎？」

如何？

你覺得自己已經很幸福了嗎？覺得超級快樂嗎？

61 坦然承認「做不到」

了解自己，是過上幸福人生不可或缺的關鍵。

正如我在「前言」中所說的，想要獲得幸福人生，只要做到一件事：「減少討厭自己的時間，增加喜歡自己的時間。」

那什麼樣的自己，會讓人討厭呢？

根據我的觀察，許多對自己感到厭惡的人，大多都有一個共通點：無法坦率承認自己做不到。

以我自己為例，我極度不擅長處理郵件和回信。我的工作夥伴都知道，我的郵件常常好幾天都沒寄出，還放在包包裡到處帶著跑；而寄給我的電子郵件，也經常長時間處於未開封狀態。此外，我的行程管理能力更是糟糕透頂。雙重預約根本是家常便飯，甚至還曾經在同一時段安排了5場不同的會議。

當然，這些缺點不能單純以「不擅長」來當藉口。正常人都不會想把工作交給這樣的人（我自己是絕對不會）。如果放任這種情況不管，工作機會只會愈來愈少，收入也會跟著下降，甚至影響到生計。

既然如此，這就成為「必須認真解決的問題」。

於是，我開始想辦法解決這些問題。例如，請夥伴幫忙處理事務，作為回報，我請他們吃飯。如果是客戶的文件，就趁著面談時，直接帶過去當場處理。最近則是透過外包的方式，將大部分的行政事務都交由祕書處理。

當我將這些「不擅長的事」交給其他人，處於「討厭自己」的時間自然就會減少，取而代之的是更多「喜歡自己」的時間。此外，在失誤減少，不再帶給他人麻煩後，工作表現與收入也會隨之提升。

62 列出「其實不想做的事情」

我有位朋友，是育有4個孩子的單親媽媽，無論怎麼努力，她始終無法喜歡做飯。每天愈接近晚上採買的時間，她就會愈加憂鬱，到了下午，壓力甚至影響工作表現。

她曾經感到自責，覺得自己是個糟糕的媽媽，在那段日子裡，她過得極為不快樂。

直到某天，她終於認清「都討厭到這種程度了，不管怎麼努力都不可能會喜歡」這一事實。於是，她索性豁出去，決定把做飯這件事交給家事代勞公司處理。現在，家政阿姨每週會去她家1次，不僅幫忙採買食材，還會準備好全家人1週的餐點。

熱愛烹飪的專業人士做出來的料理自然更加美味，同時也有考量到營養均衡的問題。對孩子們來說，飯菜變好吃，媽媽也比平時開心。如今，她甚至後悔當初為什麼沒有早點做出這個決定。

此外，一位我十分敬仰的人，某天在社群媒體上發了一篇貼文，我看了忍不住大笑，內容如下：

「我討厭早上，真的超級討厭。要是早上能從這個世界上消失就好了！」

明知道不可能會消失，一個成熟的大人，卻像個孩子一樣大喊這種話，令人感到格外有趣。

於是，我開始思考，有沒有什麼「說出來不會得到社會的稱讚」，但**大聲喊出來會讓人感到痛快的話**呢？我試著套用剛才那句話的格式，喊出自己的心聲，結果變成這樣：

「我討厭工作，真的超級討厭。要是工作能從這個世界上消失就好了！」

大喊出來的瞬間，內心感到前所未有的暢快，想必我真的討厭工作。當我用言語表達出來後，也更加確定自己的想法，因此最近開始學習天使投資，希望能找到新方向。

每個人一定都有真的不想做的事，或是根本做不到的事。試著把這些事情寫下來，思考有沒有什麼辦法可以讓自己避免這些事。單純只是思考，就能讓心情輕鬆許多。

接下來，輪到你按照格式，請試著大聲喊出無法說給他人聽的話吧！

「我討厭○○，真的超級討厭。要是○○能從這個世界上消失就好了！」

63 創造符合自身類型的工作方式

我曾經訪問過超過500位成功人士，他們有一個共同點是，始終遵循一項極其簡單的原則，即「高效能者，只專注於從事高效的工作」。基於這項發現，我將這500位成功者的特質歸納為「4種才能類型」，並設計了一個簡單的診斷測驗。

這4種才能分別是「設計者（Designer）」、「策劃者（Planner）」、「建構者（Builder）」、「平衡者（Balancer）」。

「設計者型」，只要能夠清晰地描繪出令人興奮的未來藍圖，當下的行動力就會大幅提升，進而發揮最大的效能。

「策劃者型」，透過設定明確的期限與目標，制定策略與戰術，便能發揮天生的實力。

「建構者型」，只要將待辦事項拆解成具體的行動計劃，便能在期限內達成高效成果。

「平衡者型」，同時擁有上述3種類型的才能，能夠平衡各方資源，在管理與統籌全局時發揮出最佳效能。

反之，若是執著於發展自己並不擅長的才能，即便再怎麼努力，也不一定會成功。以日本棒球傳奇「鈴木一朗」為例，他在美國職棒大聯盟（MLB）效力於西雅圖水手隊時，擔任第一棒打者，連續10年締造單季「200支安打」的驚人紀錄。

然而，在他轉隊至「紐約洋基隊」並改任第三棒打者後，表現卻大幅下滑，打擊率降至24%，成績與普通選手無異。但當他再次回到第一棒打者的位置時，安打數迅速回升，打擊率也恢復至3成，成功重返頂尖打者行列。

各位是否也想了解自己的天賦，進而發揮出最大潛能，開創更輝煌的人生呢？

我設計了一份測驗是，目前已有多家大型企業及中小企業用於團隊建構與人才發展。

如果各位有興趣，請參考以下網址進行測驗，看看自己是屬於哪一種才能吧！

https://www.reservestock.jp/page/fast_answer/223

64 選擇讓周圍富足的導師

江上治先生是一位專門為富裕階層服務的理財規劃師，同時也是《年收1億円思考（年收入1億日圓的思維，暫譯）》（經濟界）系列暢銷書的作家，我一直深受他的指導與啟發。

他曾經告訴我：**「選擇導師時，不要看這個人是否富有，而是要看他身邊的人是否同樣富有。」**

我的人生志業之一，是觀察並訪談成功人士的成長軌跡。透過這些研究，我發現成功者大致可分為2種類型。

第一種是只有自己一個人不斷往上爬的成功者。這類型的人本身確實很優秀，但客觀來看，他們的財富與成就僅限於自己，身邊的人沒有因為他而變得富有。

第二種是帶領他人一起往前的成功者。這類型的人不僅自己變得富有，還會帶著身邊的人一起成長。

至於該選擇哪種類型的導師，來帶領你走向更好的人生，答案應該不言而喻吧？

你現在所憧憬的那個人，屬於哪一種類型的成功者呢？

請選擇一位合適的導師，以最短的路徑，打造屬於你的人生吧！

65 珍視他人的「喜悅」

日本有一句話說：「賣方好、買方好、社會好。」

這句話的意思是，經商時要讓「自己」、「客戶」以及「社會」都能夠受益。這正是商業繁榮的基本原則，也就是所謂的「三方良好」理念。

我的師傅川原悠伍先生（前文中曾提及）進一步指出，真正讓人富有的順序，其實應該要反過來，他認為**依照「社會好→買方好→賣方好」的順序經營事業，賣方最終自然會獲得財富。**

類似的概念，還有「水盆法則」。試圖將水撥像自己時，水會撞上水盆邊緣，環繞一圈，朝另一側流去，反而離自己愈來愈遠。但如果我們先把水推向對方，水會順勢繞行，最後自然回流到自己這邊，甚至帶來更大的波動。

這個法則在歷史上屢見不鮮。例如，在「淘金潮」的時代，許多懷抱一夜致富美夢的美國男性試圖挖掘金礦，結果，賺到最多錢的並不是那些淘金者，而是販售十字鎬等挖掘器具的公司，還有生產耐用褲子聞名的LEVI'S。這個故事至今仍廣為人知。

類似的情況，也發生在近幾年「以興趣創業」的風潮。在這股創業熱潮下，真正賺到錢的，不是那些懷抱夢想的創業者，而是負責提供創業顧問服務的公司，以及開辦創業課程的機構。

從結果來看，無論是哪個時代、掀起什麼樣的風潮，市場永遠遵循「供需法則」。**愈是流行，真正賺錢的往往是那些「協助熱潮參與者」的人，幾乎沒有例外。**

在日常生活中也是如此。懂得讓對方感到愉悅的人，往往更受歡迎、支持，也更容易獲得幫助。當你能夠讓對方感到滿足與喜悅，自然也會吸引許多人的支持，最終獲得更大的利益與回報。

66 不一定非得讓「喜歡的事」成為工作

各位是否認為「如果不把興趣當成工作，就無法獲得幸福」呢？過去的我也這麼想，直到我的師傅對我說了一句話，徹底顛覆了我的想法。

「喜歡的事，就應該花錢盡情享受。為此，要努力賺錢，賺到讓自己想吐的程度。」

我熱愛格鬥技，我會親自練習也會去觀賞比賽，喜歡到每天腦中都會想著格鬥技，即便如此，我也從未想過要把格鬥技當成工作。

相反地，我選擇用金錢來參與這個興趣，例如，付費到道館訓練；請認識的選手吃燒肉，作為交換，讓我加入他們的格鬥討論；花錢購買門票，觀賞職業賽事；作為贊助商，支持喜歡的選手；偶爾也會報名參加業餘比賽，支付參賽費，親自站上擂台。

不必為了「如何讓興趣變現」而煩惱，只要確保自己有足夠的金錢與時間，毫無顧慮地享受喜愛的事物，立刻就能讓自己感到愉悅。

正是因為我沒有刻意將興趣當作工作，私生活更加充實，連工作表現也隨之提升。而且與我志趣相投、充滿活力的朋友們開始聚集在我身邊，在如此快樂的氛圍中工作，收入也更加豐厚。這種生活方式，甚至比「把興趣當成工作」還要來得幸福。

當然，把興趣當成工作的人也很幸福。但以喜歡的自己，幫助朋友解決煩惱和問題後，用賺來的錢去盡情享受熱愛的事，這樣的生活方式，同樣是一種美好的幸福人生。

第 9 章

能持續感到喜悅的生活方式

67 大家一起實踐好習慣更有趣

日本知名搞笑藝人，同時是作為導演也獲得成功的北野武導演，曾在訪談中表示：**「如果要說我成功的原因，唯一能想到的，大概就是我已經持續30年，都是親手打掃廁所。」**

除此之外，也有許多成功人士告訴我，他們有親手打掃廁所的習慣。於是，我心想：「原來如此，只要做這麼簡單的事就能成功，不做也虧了吧。」然而，儘管這個念頭在我腦中盤旋十幾年，我卻一次也沒有實際執行過。

其實，這與「早起」和「冥想」一樣，都是明知對自己有幫助，卻始終無法持之以恆的習慣。

因此，我在自己主辦的打造愉悅生活的社群「悅コミュ！（喜悅社群）」中，與成員一起開始晨間活動。每天早上5點半，大家一起在Zoom的線上會議室集合，各自執行

「親手清掃廁所」與「冥想」，直到6點。

結果，我終於成功養成了「早起、清掃廁所、冥想」的習慣。

獨自一人做這些事時，就算偷懶也不會影響他人，很容易就會中途放棄。但當與他人約定，共同執行時，更容易堅持到底，自然而然地養成習慣。

不過，我還是得老實承認，我的身體真的不太適合早起。努力撐了5個月後，現在已經沒有再繼續參加晨間活動。不過，社群的成員裡，有些人擅長早起，有些人則是早起中找到快樂，至今仍有許多人每天持續早上5點半進行晨間活動。最近，社群還新增了一個「早上8點版」的晨間活動，我打算兩邊輪流參加。

68 設定能夠堅持遵守的微型例行習慣

各位應該也有一些習慣性的動作，如果將那些無意識中養成的習慣轉變成「例行習慣」，就能逐步累積自我肯定感。所謂積少成多，我將這種習慣稱為「微型例行習慣」。

微型例行習慣的條件之一是，即使忘記了，也仍然能確實遵守。

我有一位朋友原本就習慣先穿右腳的襪子，他刻意制定「我要從右腳開始穿襪子」的習慣，結果，每當他注意到自己確實遵守這個習慣時，都會產生「我成功遵守了例行習慣！」的自信。

我自己也有一些習慣，例如，刷牙時總是從左下的臼齒開始刷、洗澡時一定會先清洗某個部位，或者穿衣服時的固定順序。

透過整理這些習慣，轉化為自己絕對能夠遵守的微型例行習慣，便能在日常生活中創造更多提升自我肯定感的機會。

即便只是微不足道的「小堅持」，也完全沒問題。在日常生活中發掘這些小小的堅持，也非常有趣。

前一陣子，我發現了一個讓交通ＩＣ卡感應閘門時最完美的角度。當我找到這個角度時，心裡忍不住想：「這角度不錯嘛！」從那之後，每當我用這個角度感應ＩＣ卡時，心裡都會悄悄地感到開心。

這些微小的喜悅在一天之中逐漸累積起來，最終形成「今天過得真幸福」的一天。而這樣的每一天不斷堆疊，最後便能成就一段充滿幸福的人生不是嗎？

69 失敗的經歷是激勵他人的禮物

如今我經營著一家公司，除了寫書，也會在全國各地舉辦講座。然而，過去的我其實也只是個普通的上班族。當時，我懷抱著創業的夢想，參加了各種研討會。然而，站在講台上的講師們個個都十分優秀，甚至稱得上完美無缺。每次參加研討會，我都會不自覺地拿自己與那些講師比較，心想：「原來成功者都必須如此完美嗎？」結果，我的自信心反而受到打擊。

然而，當我真正創業，並多次訪問成功人士後，才發現他們根本缺點滿滿！他們在某些特定領域的確擁有無人能及的天賦，以及卓越且極致精煉的才能，但另一方面，他們在日常生活中的「糟糕程度」卻遠遠高於一般人。每當聽到這些故事，我就愈來愈充滿信心與勇氣。

正是因為這些成功人士的失敗經歷，讓我重新找回了自信，並且獲得無數的勇氣。因此，我在演講時，也會分享自己的失敗故事，以及從中學到的教訓（不過，寫成書之後，總是會不小心變成一則美談……真是抱歉）。

失敗的經歷並不需要隱藏，而是能夠成為一份珍貴的禮物，送給那些恰好經歷相同挫折，因此感到沮喪的人。

不妨事先做好準備，每當遭遇一次失敗，就想著，這是未來某天，我將遇見的一個有緣人所需要的故事！

無論是美好的經驗，還是當下讓人難以接受的挫折，如果選擇獨自埋藏在心底，最終就會像腐壞的食材一樣，使內心疲憊不堪。

不如將這些經歷視為能讓身邊的人過得更幸福的禮物，大方地分享吧。

70 大膽說出「請幫幫我」

就像分享失敗經驗一樣，**當你正處於困境時，不要試圖獨自解決一切，而是坦率地尋求他人的幫助。**

當你向他人坦白自己遭遇的突發狀況（意外），就會出現能夠幫助你解決問題的人，支援也會隨之而來。

此外，如果願意在自己所屬的社群中分享這個困境，那些與你同行的夥伴們會團結一致，想辦法將你從困境中解救出來。

在這個過程中，大家都會誠心希望問題能夠順利解決，期盼你的生活朝著更美好的方向轉變。而當他們為你祈禱時，也能體驗到「為他人祈願」這種極致的喜悅。事實上，他們之所以能夠獲得這樣的心靈滋養，全都是因為你鼓起勇氣，勇敢地公開了自己的困境。

當然，完全依賴他人解決自己的問題，或是推卸責任，這種態度並不值得推薦。但不怪罪任何人，誠實地開口說「請幫幫我」，這不是依賴，而是值得讚賞的行為。

71 推薦使用「喜悅筆記」吹散不安

我曾經也經歷過人生陷入低潮，身邊的人逐漸離我而去，心中充滿了怨恨與不甘，整個人沮喪不已的黑暗時期。

為了改變這樣的自己，我開始不斷地在筆記本上寫下童年的夢想、現在想做的事情，以及未來想要實現的目標。

我稱之為「喜悅筆記」。

我也會鼓勵社群成員養成這個習慣。

無論現實世界發生了什麼，只要在寫「喜悅筆記」的時候，心情就會愉快許多。

此外，無論是多麼微不足道的小事，當你發現自己感受到「喜悅」的瞬間，例如：「剛

剛好開心啊！」或是「這次做得不錯！」，請試著記錄下來。當這些日常生活中的小小喜悅逐漸累積在筆記本上，你的心情也會一點一點地愈來愈開朗。

如果當初沒有開始寫「喜悅筆記」，或許就不會有今天的我。我正是在這個過程中，重新喚醒童年的夢想，並在40歲時勇敢地開始學習格鬥技。

透過撰寫「喜悅筆記」，我感受到自己的身心都發生了變化，據說人體大約6～7成是水分，而這些水分的結晶也會因為「喜悅筆記」的影響而變得純淨。我的細胞因新陳代謝而煥然一新，人際關係也發生轉變，最終，我得以建立起過去從未擁有的全新人脈與商業社群。

只要不斷寫下日常生活中的小小喜悅，人生的處境便會迅速轉好。這個方法既簡單又輕鬆，但帶來的影響卻無比巨大！

72 無論身處何種處境，都能找到喜悅

大學畢業後不久，我獨自一人前往美國。儘管當時連英文都看不懂，我仍輕信一位剛認識的日裔美國女性不動產仲介，簽下合約，結果財產都被她騙走了。她是一位專門欺騙日本留學生的知名慣犯。

我在學生時代從早到晚打工存下的2萬美元，在抵達美國第5天便被騙走，淪落至身無分文的境地。而那份合約中還設有其他陷阱，我其實還欠了那位不動產仲介2萬美元的債務。

就這樣，我被迫住進一間沒有窗戶、狹小得如同倉庫般的房間。

我在當地一家壽司店找到時薪4美元的洗碗工工作，藉此湊出生活費。

這或許是我人生中最糟糕的一段日子……本來應該如此，但畢竟這裡是美國。

「這就是美國啊！」不知為何，連被騙也讓我感到一絲興奮。於是，我與那家壽司店裡（大概是非法滯留的）中國人工讀生，用蹩腳的英語互相大笑，還比賽誰洗碗洗得又快又乾淨，盡情享受美國生活。

一個人搭公車也樂在其中。曾經有位黑人乘客，彷彿電影般一邊播放著立體聲嘻哈音樂一邊上車，還有一位司機，根據音樂用饒舌介紹下一站。每當一首歌結束，車內便響起掌聲。下車時，我們互相擊掌讚嘆：「真帥！太棒了！」並大聲宣稱：「我在美國生活！」這樣的生活，讓我每天都沉浸在令人興奮的喜悅中。

結果，我還與那個曾從我這裡騙走所有財產的不動產仲介建立了友好關係。儘管2萬美元始終未歸還，他卻直接幫我結算這2萬美元債務（雖然我本來就沒跟他借錢）。甚至當我因資金不足不得不回國時，他還替我餞別，我們哭著互相道別。

這是一個無論處於何種狀況，只要你能保持喜悅，每天都會變得快樂，就連詐騙犯也會成為你的朋友的故事。

73 果斷行動，積極地順勢而為

「上善若水」

這是老子《道德經》中的名言。

原文如下：

「水善利萬物而不爭，處眾人之所惡。」

我總是將要給未來自己的話寫在明信片上，隨身放在錢包裡。

「我已經切身感受到幸福，因此，我也知道自己將被帶往更高的境界。水並非流向它想流的地方，而是自會流向應去之處。請相信未來的自己，以更自由、更從容、更愉快的心情享受每一天。我會在遠超乎你想像的高處，眺望著壯麗的景色，等待著你。」

我每天都會讀這張明信片，自我審視「是否在試圖控制那些無法掌握的事物，導致事情變得更加複雜？是否偏離了自然法則？」。

請你也相信未來的自己，以更加自由、輕鬆、愉快的心情，盡情享受當下。

74 擁有「個人信念」

我鼓勵每個人都要創造自己的「個人信念」。

「個人信念」是為了讓自己獲得喜悅，並建立一個充滿喜悅的人生而訂立的「指針」。

當你把未來理想中的自己視為「神」時，這份信念就成為檢視自己是否每天都朝著理想的人生邁進、是否不斷接近那個理想自我的指針。

「信念」這個詞來自拉丁語，原意為「我信」，即「信條」。最初指的是基督教使徒的信條，而後美國大企業嬌生公司將其簡明地表述為企業行為準則和價值觀，從而使這個概念傳遍全球。

為了追求理想的人生，我訂立了每天感謝祖先等習慣，以及不說壞話、不搶他人人脈等個人規範，並堅持不懈地前進。

為了達到理想，思考如何運用自己的生命正是「個人信念」的真諦。

如果你有一份能夠一眼檢視自身狀態的「個人信念」，你應該會興奮地接近理想中的自我吧？

75 害怕的話就勇敢前進吧！

「害怕的話就勇敢前進吧！」我從小就聽著爸爸說這句話長大。

我父親年輕時懷有成為職業棒球選手的夢想，在高中和社會棒球賽中均有出色表現。然而，儘管他曾三度收到西鐵獅隊（現西武獅隊）的球探邀約，他卻次次拒絕，最終親手粉碎了成為職業棒球選手的夢想。

我父親曾是福岡縣三池工業高中的棒球隊主將。高三春天時，當時擔任總教練的原貢先生（現讀賣巨人隊總教練，原辰德的父親）上任後，讓當時身為主將的父親成為他的第一弟子。在原教練的指導下，父親的潛力迅速綻放，不到幾個月便被職業球探看中。

然而，他卻連續3次拒絕球探的邀約。

第一次的理由是聽從原教練的建議：「先在成人棒球活躍再說」。第二次則認為：「既然是新秀賽季，再訓練 1 年，增強實力再出發」。第三次則想：「在成人棒球多待 1 年，打出具體成績也不晚」。

結果，父親再也沒收到第四次球探的邀約。

後來，父親客觀地回顧自己的選擇，發現是自己無法克服「如果去參加職業賽卻無法得到成績……」的那份不安，最終選擇拒絕，如今仍深感後悔。

正因為父親的這段人生經歷，我才獲得了寓意著「克服自我、走向成功」的名字「克成」。從小父親就反覆跟我說：「害怕的話就勇敢前進吧！千萬別讓自己後悔！害怕就要振作！」多虧了這番教誨，我的人生從此充滿了「害怕的話就勇敢前進吧！」的挑戰。父親將他的後悔轉化為教訓，我對此充滿感激。

如果一個人一生都與後悔為伍，就無法真正感受到喜悅。人生只有一次，「害怕的話就勇敢前進吧！」請試著用這句話鼓勵自己往前邁步。

76 從父親的遺憾中誕生的「職業精神八原則」

為什麼即使多次受到球探邀約，卻沒有在職業世界中挑戰自己？為什麼無法戰勝內心的不安？父親為了探究這其中的原因，曾走訪當時在職業棒球活躍的一流選手，對原辰德、衣笠祥雄等十幾位選手進行訪談。最終，**他找到了區分一流與二流的差異，並將這些發現整理成了「職業精神八原則」**。

父親根據這些教誨培養了兩名職業棒球選手，並創立了小聯盟。他認為：「只要孩子們擁有這種精神，無論是有天賦的孩子在職業棒球大放異彩，還是那些天賦較為遜色的孩子，也能成為優秀的社會人士。」在全盛時期，小聯盟的選手超過千人，被分為5支隊伍，每個聯盟均由他的後輩擔任教練，徹底貫徹了「職業精神八原則」。接下來，讓我介紹父親從失敗中領悟出的八條原則：

職業精神八原則

一　決定自己的前進之路，擁有具體的夢想和目標。
二　針對夢想和目標，每天確定應做的事情。
三　今天該做的，就必須今天做，無論如何都得持之以恆。
四　每天的努力要比任何人都專注，以最短的時間完成。
五　摒棄替補的想法，主動斷絕那些妨礙目標達成的環境。
六　時刻認為自己正處於正式的舞臺上。
七　澈底做好體能管理。
八　對所有人和所有事，切勿忘記感恩之心。

事實上，父親的這些教誨正是本書中所介紹的「喜悅習慣」的根源。

父親在苦難中堅持下來，通過感恩與祈禱獲得的這一寶貴教導，我在自己的人生中實踐並不斷升華，使之成為影響眾多人夢想與目標的信念。這便是我的宿命。

77　死了也不會後悔的生活方式

我有一種理想的死法。這並不是指平靜地老死，或是英勇戰死，而是不論以何種方式死去，**「都希望在最後一刻能夠帶著喜悅離開這個世界」**。

我曾有過一次深刻體會這份理念的原始經驗。那是在二〇一一年三月十一日下午2點46分，日本遭遇東日本大震災的時候。

當時，我正在新宿一棟大樓5樓的咖啡館開會。就在一陣般令人毛骨悚然的轟隆聲過後，大樓開始劇烈搖晃，搖到我連好好站著都無法。

店內一片混亂，叫喊聲此起彼落。我想是大家長期以來所擔心的直下型地震襲擊東京。從建築物的搖晃程度來看，這棟大樓倒塌只是時間問題。當我面對無法抵抗的大自然力量而束手無策時，**我腦海中浮現一句話：「都做錯了。」同時，我深深地後悔「為什麼不**

是過著死了也不會後悔的生活」。

那時的感受難以用言語表達，但自那一天起，「死了也不會後悔的生活方式」就成為了我後來人生的課題。

誰也無法預測生命什麼時候會結束。也許是 1 小時後，也許是幾十年後，但無論如何，死亡必定會到來，誰也沒辦法提前預知那一刻。某天，生命突然結束，我希望能夠沒有一絲後悔、一點都不害怕，以無比喜悅的心情離開這個世界，心中默默地想著：「啊～這是最棒的人生！」

既然如此，我希望從今天起，盡可能增加我和身邊的人充滿喜悅的時光，主動規劃自己的生活。

能夠創造快樂人生的，絕非他人，只有你自己。

我衷心祈願，從今天開始，你的生活能夠充滿無盡的喜悅。

後記

為了迎接終有一日的死亡，時時刻刻都要感到喜悅

到目前為止已經介紹了77種「喜悅的習慣」。

其中有些或許能引起各位的共鳴，有些可能會讓人覺得：「這也太難了吧！」沒關係，一點一點地慢慢來也好，請試著讓自己的「喜悅」逐漸增加。

光是花時間尋找屬於自己的「喜悅」，就能讓現在的人生快樂數十倍。人們並不是因為富有而感到幸福，也不是因為成功而幸福，更不是因為學會了某項技能才幸福。

比起這些，更重要的是每天培養「喜悅的習慣」，以及發現自己其實已經擁有許多「喜

悅」的瞬間，這才是讓人生快樂幾十倍的關鍵。

接下來，我想分享一個關於「喜悅」的驚人力量，這點目前已經得到腦科學證實。相信許多人都喜歡迪士尼樂園。當然，在迪士尼樂園玩耍的時候會覺得很開心。但研究發現，大腦在前往迪士尼樂園的途中，竟然比起真正待在樂園內時，分泌了多達1千倍的快樂賀爾蒙，如血清素、多巴胺、腦內啡等。

也就是說，比起實際享受快樂的當下，大腦在「想像快樂」的時候，反而會更加活躍，感受到更強烈的幸福感。這正是「喜悅」的本質。當你開始享受每天的「喜悅習慣」，當屬於你的「喜悅」不斷增加，你的人生從今天起，將會愈來愈幸福。

尋找屬於自己夢想中的「喜悅點」

在結束了以推車行商環遊日本的計畫後，我的內心彷彿被燃燒殆盡。接下來的幾個月，我獨自待在新潟縣。

那段時間，我還患上了失眠症與恐慌症，可以說是我人生中第二次陷入低潮的黑暗時期。

我的內心充滿了怨恨、不滿與憤怒，負面的話語在腦海中盤旋了好幾個月。我體內水分的結晶想必也變得混亂不堪吧。這樣想來，不只是心理上的病痛，就連身體狀況惡化也只是遲早的事。

這件事在正文中也有提到，有一天，我開始試著寫下自己童年時的夢想。之所以這麼做，是因為我想讓自己體內的水結晶變得更健康、更美好。於是，我將童年時的夢想、憧憬、想做的事、想要的東西，全都寫在筆記本裡。

之後，我反覆地增添、回顧、整理這些內容，直到某一刻，我在筆記本中，赫然發現自己小學四年級到六年級時的夢想，清晰地浮現在眼前。

「成為世界拳擊冠軍」

當我回憶起這個夢想的瞬間，內心湧現出強烈的想法：「我一定要替童年的自己實現這個夢想！」。然而，那時的我已經40歲，無法再獲得職業拳擊執照。

但我不能就此放棄。

於是，我開始思考，童年的我究竟是因為「世界冠軍的哪一部分」而感到喜悅。

經過深思熟慮，我終於察覺到，對我而言，真正讓我感到「喜悅」的是，弱小的主角默默努力修行後，最終成長為強者的成功故事。

「成為世界拳擊冠軍」，只不過是獲得這種喜悅的其中一條途徑而已。

回顧過去，我在學生時代曾將青春奉獻給籃球；拉著推車環遊日本3年的艱辛旅程，也是如此。支撐著我堅持下去的，始終是同樣的「喜悅」。

意識到這一點後，我知道即使無法成為選手，只要能與年輕選手攜手奮鬥，一起朝「世界冠軍」的目標前進，那也算是實現了我的童年夢想。

為了持續感受喜悅，我追逐了4年的夢想

就在這個時候，一位熟人向我推薦了一本書，而這本書成為了契機，讓我決定去參觀自己從大學時期就深深著迷的K-1拳館。

當時，在體驗課程中負責持靶指導我的，是來自九州熊本、當時還默默無名的26歲年輕選手「K-jee（ケージ）」。在這次訓練中，K-jee選手的思考方式讓我深有感觸，當天便立刻決定加入這間拳館，甚至下定決心從新潟搬回東京。隔天開始，我每天都去上課訓練。

現在回頭來看，從那天起，困擾我多月的失眠與恐慌症狀竟然奇蹟般地消失，晚上終於能安然入睡。

閒暇的時候，我便會在YouTube上觀看自己喜愛選手的比賽，仔細研究當天學到的拳擊與踢擊技巧。清晨6點，我起床開始跑步訓練（格鬥選手們將跑步稱為「Roadwork」，聽起來超帥♪）。接著，我在河岸邊學著做影子拳擊，再到當地的神社參拜，祈求比賽勝利（雖然並沒有比賽可打）。下午4點前，我必須完成所有工作，然後趕到拳館投入訓練，直

到精疲力竭才回家休息。

當我過著充滿「喜悅」的日子後，我的事業收入也開始同步成長。

從那天起，我的生活便一路向上攀升。

與K-jee選手相識2年後，在我有幸成為他的贊助商與助手時，我向他分享了我初次見到他時的故事。

小學時，我的夢想是成為世界拳擊冠軍。

到了大學時期，我再次被K-1吸引，夢想能成為世界冠軍，但終究不敢踏出那一步。

出社會後，看著與我年齡相仿的魔裟斗選手、小比類卷選手、山本KID德郁選手在擂台上活躍，我的兒時夢想一次次浮現腦海，卻總是用年齡當作藉口，選擇視而不見，直到40歲仍然沒有行動。

當我因為職業倦怠獨自在新潟縣療養時，終於下定決心，不能再逃避自己真正想做的事情，不能再用年齡與可能性當藉口，過著逃避夢想日子。於是，我鼓起勇氣報名了K-1拳館的體驗課程。

當天，我數次猶豫是否該中途折返，卻仍然咬牙撐著，拚命地從新潟爬回東京的拳館。

這些往事，我與K-jee選手一邊喝著酒，一邊細細回顧。

「我之所以這麼努力，是因為我想替童年的自己實現夢想。而現在，我將這個夢想託付給你！請讓我為你做所有能做的事情，因為你的世界冠軍之路，也是我的夢想。」

說完這番話以後，又過了2年，來到了二〇二〇年，當時，全世界正因COVID-19疫情陷入恐慌。

隨後，各國的封城政策終於逐步解除，世界開始重新運轉的初夏，我收到了一封來自K-jee選手的LINE訊息。

「世界冠軍賽確定了。距離田中先生的夢想，還差最後一勝。我一定會奪下這個冠軍，請您作為我的助手，和我一起戰鬥吧。」

他還記得好幾年前我們在酒席上談過的話，這讓我感動不已，內心熱血沸騰。

二〇二〇年十一月三日，當時已經連續超過2年蟬聯冠軍的伊朗英雄席納・卡里米安選手，成為K-jee的對手。在比賽中，K-jee以第二回合TKO（技術性擊倒），由裁判終止比賽，堂堂正正地奪下冠軍。他成功成為第二代K-1次重量級世界冠軍。

回到休息室後，K-jee選手解下了繞在腰間的冠軍腰帶，繫在我身上。

「田中先生，小時候的夢想實現了嗎？」

他帶著燦爛的笑容說出這句話時，那份激動與感謝，我這一生都不會忘記。

人活著，不是為了變得幸福，而是為了完成自己的宿命

當我在新潟療養的日子裡，回想起兒時的夢想時，我本來也可以選擇放棄，對自己

說：「年紀已經不允許」，改去追尋其他夢想。

然而，在真正放棄之前，我選擇了探索「世界冠軍」背後究竟蘊藏著怎樣的喜悅。而這個選擇，徹底改變了我的人生。

從那天起，我的人生變得無比充實、快樂至極。

在本書中，我介紹了77種習慣。只要你願意嘗試其中一項，哪怕只是一項，生活就會發生改變。

若能將「喜悅的習慣」融入日常，以這樣的方式走完一生，在走向人生終點時，必定能懷抱感恩，踏上新的旅程。

就在這本書的截稿日，我偶然在朋友的Twitter（現X）上看到一句話：

「人活著，不是為了變得幸福，而是為了完成自己的宿命。」

這句話，恰好出現在我花費數個月，執筆撰寫這本「讓人幸福的書」的最後一天。看到的瞬間，我內心湧起了一股前所未有的暢快感。

當我們實踐「喜悅的習慣」，體會到真正的幸福與喜悅時，或許才能完成這一生被賦予的使命（宿命）。

願你的每一天，都充滿喜悅與幸福。

二〇二二年十二月吉日

田中克成

Thanks For

二〇一六年一月，我出版了《成功のバイオリズム－超進化論あらめなければ人生は必ず好転する（成功的生物節律：超進化論——只要不放棄，人生必定好轉，暫譯）》（きずな出版）。從那時候到這本書的出版，竟然已經過了7年之久。就在我完成推車行商，以為一切順風順水之時，人生卻突然急轉直下，轉眼間，我墜入深淵，嚐遍難以忍受的痛苦。然而，在這樣的低谷時期，我遇到了許多願意伸出援手的人。

如同我大哥般的永松茂久先生、既像盟友又如弟弟一樣的言海祥太（了戒翔太）、我的導師馬場真一先生、本書中提及的不良牧師岡田正之先生，以及從推車行商時期以前，就一直支持我的大瀧万里。若不是有他們，當時的我一定會被黑暗完全吞噬。

此外，我還遇見了第二代K-1次重量級世界冠軍K-jee選手，這是讓我東山再起不可或缺的命運羈絆。還有我的師父川原悠伍先生與富永香里女士，如果沒有這兩位，我的人生根本無法完整描述。行銷教練橫田伊佐男先生，讓我這個獨立經營者的公司，成功轉型為由一個團隊運作的企業。社群經營者會的前田出先生與大澤清文先生，教導我社群商業的基礎。總是為我帶來各種機會的摯友岡崎勝廣先生，以及發現「喜悅」蘊含全球熱賣潛力，並給予我希望的本田健先生，還有始終關心、愛護著我的江上治先生，對於這些導師的存在，我由衷感謝。同時，我的團隊

ＡＮＤＲＹＵ的成員，負責後勤事務，堅守團隊後防的鈴木紗季、安川典子、佐佐木彩。撐起營收的文案寫手小林優也、讓我有機會挑戰天使投資的ＡＮＤＢＯＤＹ創辦人道端竜也（Jesse），以及在實務與精神層面給予支持的小野美香、和田口コ，真的萬分感謝你們！還有願意與我們並肩合作的わらしべ商人倶楽部、10コピーライティング道場、ＧＩＦＴファシリテーターズ、マネーキャリア協会，以及のりぴ的商業課程、在清晨6點半，連續700日不間斷地帶動晨活的ギフラボ夥伴們，還有在本書製作過程中，給予無數幫助的線上社群「悦コミュ！」的悅友們，真的感謝你們的支持！

此外，我還要感謝本書中所介紹的各位老師，感謝第一時間察覺「喜悅」的潛力，並推動本書出版的小寺裕樹總編輯，將這個高抽象概念轉化為文字的書籍作家戶田美紀女士，以及將本書成功帶到世上的すばる舎的所有人，衷心感謝你們。

最後，我要向我的生命之源，我的雙親表達感謝。我每天清晨、中午、夜晚，365天，無時無刻都對你們心懷感激。父母的教誨、人生態度與哲學，塑造了今天的我。能夠成為你們的孩子，我覺得自己是世界上最幸運的人。同時，我也向祖父母，以及承載家族血脈至今的歷代祖先，獻上最深的感謝。並且，感謝大自然與宇宙的奇蹟運行，感謝這一切的存在。

最後，獻給我的孩子們！無論何時何地，對我來說，你們都是無比可愛的珍寶！

謝謝你們來到這個世界！這只有一次的人生，盡情地去喜悅吧！我愛你們！

参考文献一覧

『水は答えを知っている』江本勝著（サンマーク出版）

『ソース～あなたの人生の源は、ワクワクすることにある。」
マイク・マクマナス著／ヒューイ陽子 翻訳（ヴォイス）

『思考は現実化する」ナポレオン・ヒル著／田中孝顕翻訳（きこ書房）

『世界のエリートがやっている最高の休息法』久賀谷亮著（ダイヤモンド社）

「医者が教えるサウナの教科書』加藤容崇著（ダイヤモンド社）

『人とお金』斎藤一人著（サンマーク出版）

『新訳歎異抄わかりやすい現代語訳』松本志郎著（中央公論事業出版）

『レオナルド・ダ・ヴィンチの手記（上下巻）」レオナルド・ダ・ヴィンチ著／杉浦明平翻訳（岩波書店）

『一生かかっても知り得ない年収１億円思考」江上治著（経済界）

『最高の幸せは、不幸の顔をしてやってくる！』しんちゃん著（かんき出版）

『【新訳」子のように、水のように、自由に生きる』岬龍一郎 編訳（PHP研究所）

『新しい腸の教科書 健康なカラダは、すべて腸から始まる」江田著（池田書店）

『長生きしたけりゃ小麦は食べるな」本間良子著（アスコム）

『人生がときめく片づけの魔法 改訂版』近藤麻理恵著（河出書房新社）

「前祝いの法則』ひすいこたろう著／大嶋啓介 著（フォレスト出版）

『不良牧師！「アーサー・ホーランド」という生き方』アーサー・ホーランド著（文藝春秋）

「あなたは愛されている：-You Are Loved-」アーサー・ホーランド著（ANDBOOKS）

『天才！成功する人々の法則』マルコム・グラッドウェル 著／勝間和代翻訳（講談社）

『一流だけが知っている自分の限界を超える方法』高畑好著（中経出版）

『My Credo』浜口隆則著／村尾隆介著（かんき出版）

「朝時間が自分に革命をおこす人生を変えるモーニングメソッド』
ハル・エルロッド著／鹿田昌美 翻訳（大和書房）

『迷えるリーダーがいますぐ持つべき１枚の未来地図』横田伊佐男 著（日経BP）

「完訳7つの習慣 人格主義の回復』
スティーブン・R・コヴィー 著／フランクリン・コヴィー・ジャパン翻訳（キングベアー出版）

『GIVE &TAKE「与える人」こそ成功する時代』
アダム・グラント著／楠木建 監訳（三笠書房）

「30代からはじめるビジネス断食』北島昭博/エリカ健康道場著

〈作者簡介〉

田中克成

於1977年出生於長崎，以暱稱「たなかつ」廣為人知。粉絲行銷專家，經營3家公司與8項事業。卡牌遊戲《GIFT》的設計者，亦是出版製作人、作家與心理教練。同時作為演講者，曾採訪1000位以上的成功人士，發表多項獨特的成功法則。

2009年，他以出版策劃人的身分創業，協助36位新晉作家出版著作，累積總發行量達47萬冊。2013年創立出版社，並推著推車繞日本全境一圈販售書籍，成功售出13447本，其活動受到電視及報紙大力報導，因而有了「推車出版社」的美譽。

同時也是上市企業及多支運動隊伍引進的卡牌遊戲《GIFT》的設計者，該遊戲甚至在盛行桌遊的歐洲引發話題。2016年，出版了《成功のバイオリズム【超進化論】》（きずな出版）。此書以賺人熱淚的故事與500位成功者的共同成功法則掀起話題，在全國各大書店陸續登上排行榜冠軍。

目前，主持線上課程，從事支持青年企業家的天使投資，並企劃及創建了數個規模數百至數千人的商業社群，例如，推廣訂製西裝品牌、日本最大讀書技巧社群「わらしべ商人の読書術」等。

在私底下，亦以K-1世界冠軍的心理教練和助手的身分活動。以實踐自身的信念「不斷付出，讓所有人一起獲勝」為目標,活躍於國際舞台。

內在悅力
改變人生的77個幸福習慣

出　　版／楓書坊文化出版社
地　　址／新北市板橋區信義路163巷3號10樓
郵政劃撥／19907596 楓書坊文化出版社
網　　址／www.maplebook.com.tw
電　　話／02-2957-6096
傳　　真／02-2957-6435
作　　者／田中克成
翻　　譯／劉姍珊
責任編輯／吳婕妤
內文排版／洪浩剛
港澳經銷／泛華發行代理有限公司
定　　價／360元
初版日期／2025年5月

國家圖書館出版品預行編目資料

內在悅力：改變人生的77個幸福習慣 / 田中克成作；劉姍珊譯. -- 初版. -- 新北市：楓書坊文化出版社, 2025.05　面；　公分

ISBN 978-626-7548-90-5（平裝）

1. 自我實現 2. 生活指導 3. 習慣

177.2　　114003809